A EFETIVIDADE DA PROVA PERICIAL NA INVESTIGAÇÃO DAS DOENÇAS OCUPACIONAIS

AVALIAÇÃO DOS DANOS CAUSADOS À SAÚDE DO TRABALHADOR

1ª edição — Abril, 2015
2ª edição — Junho, 2016
3ª edição — Janeiro, 2022

JOSÉ CARLOS MANHABUSCO

A EFETIVIDADE DA PROVA PERICIAL NA INVESTIGAÇÃO DAS DOENÇAS OCUPACIONAIS

AVALIAÇÃO DOS DANOS CAUSADOS À SAÚDE DO TRABALHADOR

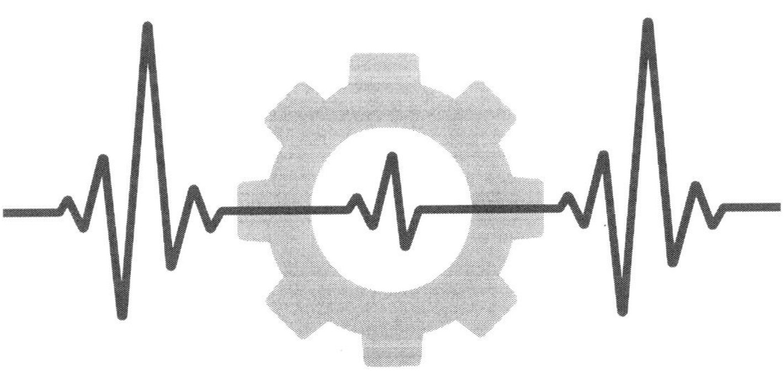

3ª EDIÇÃO

LTr®

LTr®

LTr Editora Ltda.

Rua Jaguaribe, 571
CEP 01224-003
São Paulo, SP — Brasil
Fone: (11) 2167-1101
www.ltr.com.br
Janeiro, 2022

Projeto Gráfico e Editoração Eletrônica: Peter Fritz Strotbek - The Best Page
Projeto de Capa: Danilo Rebello
Impressão: Grafnorte

Versão impressa: LTr 6342.2 — ISBN 978-65-5883-125-9
Versão digital: LTr 9834.6 — ISBN 978-65-5883-128-0

Dados Internacionais de Catalogação na Publicação (CIP)
(Câmara Brasileira do Livro, SP, Brasil)

Manhabusco, José Carlos
A efetividade da prova pericial na investigação das doenças ocupacionais : avaliação dos danos causados à saúde do trabalhador / José Carlos Manhabusco. — 3. ed. — São Paulo, SP : LTr, 2022.

Bibliografia.
ISBN 978-65-5883-125-9

1. Danos (Direito) — Brasil 2. Doenças profissionais — Brasil 3. Higiene do trabalho — Brasil 4. Prova pericial — Brasil I. Título.

21-95042 CDU-34:331.4(81)

Índice para catálogo sistemático:

1. Brasil : Doenças ocupacionais : Prova pericial :
Direito do trabalho 34:331.4(81)

Eliete Marques da Silva - Bibliotecária - CRB-8/9380

Agradecimentos especiais.

À minha mulher, Margareth.

Aos nossos filhos, Gianncarlo e Amanda.

À minha mãe, *Engracia.*

Sumário

Prefácio

Neste livro estuda-se as diversas situações recorrentes na perícia judicial e assistência técnica em processos que envolvam doença ocupacional.

O tema desenvolvido pelo autor, de forma clara, objetiva e didática é de grande importância para o operador do direito. A perícia técnica é essencial e decisiva nos processos que envolvam doença ocupacional.

Ainda que se encontrem diversas obras que contemplem uma análise dos dispositivos legais concernentes à perícia judicial, em especial os presentes no Código de Processo Civil e na Consolidação das Leis do Trabalho, raros são os estudos que se debruçam sobre a prática dessa atividade.

Destarte, certamente este trabalho também será aproveitado por diversos profissionais e em especial por aqueles que pretendem atuar como peritos judiciais e assistentes técnicos.

Sempre primando por uma exposição didática, o autor não se limita às questões doutrinárias sobre o assunto. Esta obra prioriza a experiência forense, sem, contudo, deixar de oferecer a fundamentação legal necessária sobre os pontos abordados.

Nesse sentido, o autor adentra em questões pouco exploradas por outras obras, como, por exemplo, o cadastramento do Perito Judicial perante o Poder Judiciário e detalhes sobre os quesitos.

Também, é dado destaque a temas como a responsabilidade do empregador no tocante às normas de higiene, segurança e saúde do trabalhador e a utilização de Equipamento de Proteção Individual.

Contamos, assim, com uma obra de grande valia para todos que pretendem aprofundar seus conhecimentos sobre o mundo envolto à perícia judicial.

São Paulo, março de 2015.

Sônia Mascaro Nascimento

Prefácio da 3ª Edição

Essa é a terceira edição de obra que se propõe a estudar as mais variadas e recorrentes situações que reclamam a realização de perícia judicial e assistência técnica em demandas que controvertem a respeito de doenças ocupacionais.

O estudo é desenvolvido pelo autor de forma sistemática e com redação clara e objetiva, de modo que se constituirá em importante fonte de consulta para todos que atuam no foro trabalhista e previdenciário.

Não se olvida que a perícia técnica é fundamental e pode definir o resultado de demandas indenizatórias ou reintegratórias que tenham como fundamento o surgimento ou agravamento de doenças causadas, ainda que parcialmente, por um fator laborativo.

Saber interpretar e até mesmo questionar um laudo técnico é ferramenta valiosa nas mãos dos operadores do direito, mas, em razão do direcionamento prático do trabalho, certamente será muito útil para outros profissionais, principalmente para aqueles que atuam ou pretendem atuar como peritos judiciais ou assistentes técnicos.

O autor associa o conhecimento jurídico à experiência no campo prático decorrente da atuação efetiva em causas que versaram a respeito das mais variadas doenças que podem afligir o trabalhador.

Nessa terceira edição, além de explicitar a necessidade da capacidade técnica e isenção dos profissionais que realizarão o trabalho técnico, a obra registra o material investigativo mais adequado, os quesitos que podem ser apresentados, inclusive que forma suplementar e as situações que demandam uma segunda perícia.

Além de tratar de tema fundamental como a responsabilidade do empregador na manutenção de um ambiente de trabalho hígido e seguro, o autor acresce capítulo especial em que trata das perícias em acidentes de trabalho, as quais ganham nuances diferenciadas e, portanto, reclamam enfoque específico.

Não há dúvida, portanto, que estamos diante de estudo de grande utilidade para todos que buscam ampliar conhecimentos práticos e jurídicos a respeito dessa importante modalidade de prova que cada dia ganha mais espaço no ambiente forense.

Professor Amaury Rodrigues Pinto Júnior
Ministro do Tribunal Superior do Trabalho

Apresentação

O Autor é advogado de renome, com intensa militância na advocacia trabalhista dentro e fora dos limites do Estado de Mato Grosso do Sul, de que é oriundo. Dedicado como poucos ao estudo do Direito, destacadamente do Direito do Trabalho e do Direito de Processo do Trabalho, não surpreende que, a par da advocacia, que exerce com brilho, devote-se também a escrever, com clareza e irrepreensível rigor técnico, sobre temáticas próprias dessas ciências.

Trazendo a lume mais um trabalho — também editado, em boa hora, pela LTr —, o Autor, desta feita, palmilha com êxito o espinhoso terreno da prova relativa às doenças ocupacionais, centrando sua investigação na prova pericial. Terreno espinhoso porque, como se sabe, está-se diante de tema atual e dos mais candentes com que advogados e juízes têm se defrontado no âmbito trabalhista desde a promulgação da Emenda Constitucional n. 45/04, que atribuiu à Justiça do Trabalho competência para a matéria.

Revela-se, portanto, de inestimável valia o trabalho que temos a honra de apresentar, na medida em que alinha e se aprofunda em tão tormentosa matéria. Atento a Amílcar de Castro, para quem o Direito, como toda ciência, deve organizar-se pela transformação de sua matéria em conceitos, o Autor trabalha admiravelmente bem nessa seara, detendo-se até mesmo em interessante glossário que muita utilidade há de ter principalmente para os acadêmicos de Direito.

A par de informações imprescindíveis sobre a natureza técnica da atividade pericial, que vão desde minuciosas explicações sobre a função e formação dos peritos, passando pelo estudo da oportunidade da prova, que para o leitor atento certamente evocará a lembrança inolvidável do velho Castro Neves, até culminar com bem-vindas sugestões, respaldadas pela rica experiência forense do Autor, de elaboração de quesitos com vistas ao aperfeiçoamento da diligência, a obra perfaz toda a trilha necessária à compreensão da matéria, em suas múltiplas facetas.

O trabalho alicerça-se ainda em farta jurisprudência, proporcionando o exame de um paralelo interessante para o leitor sobre as decisões dos tribunais trabalhistas — notadamente o Tribunal Superior do Trabalho —, e as prolatadas pelo Superior Tribunal de Justiça ao tempo em que a matéria acidentária ainda se encontrava sujeita à sua competência. Tal jurisprudência, se reveladora, por um lado, da dificuldade que vêm enfrentando os tribunais trabalhistas no equacionamento da matéria, por outro, e sem embargo disso, evidencia também a preocupação com a legitimidade das decisões proferidas, o que deve ser compreendido, aqui, com o sentido proposto por Luiz Guilherme Marinoni, de decisão adequada aos direitos fundamentais.

Por tudo isso, a presente obra vem somar-se aos esforços de compreensão do tema aqui abordado com maestria, autorizando o prenúncio do êxito que, sem dúvida, ela obterá na consecução desse objetivo.

Honrado — reafirmo-o — pelo convite do Autor para apresentar o seu novo trabalho, cumprimento-o e à LTr pela iniciativa da editoração, instando os leitores não só a que o leiam sem demora, mas a que o conservem à mão para consultas, visto tratar-se, como perceberão, de livro imprescindível não só aos que, iniciando-se nos estudos, querem conhecer a matéria, como a todos os que militam nos foros trabalhistas de nosso país.

Márcio Eurico Vitral Amaro
Ministro do Tribunal Superior do Trabalho

Introdução

No exercício da advocacia trabalhista há 30 anos, deparei com inúmeras dificuldades, tanto doutrinárias como jurisprudenciais. Entretanto, quando do patrocínio de ações de indenização decorrentes de acidente de trabalho, no momento em que a competência ainda era da Justiça Comum, chamaram-me a atenção os problemas encontrados desde a nomeação do auxiliar do juízo até a apresentação do Laudo Pericial. Não se discute se o auxiliar da Justiça para realização da perícia tem de ser médico ou não, mas, sim, como o procedimento deveria ser realizado, bem assim a sua produção e o conhecimento das expressões e termos a serem utilizados.

Se é certo que todos devem contribuir para Paz Social, também não é menos certo que não se deve chegar à razão por qualquer meio, ainda mais ineficaz.

As partes devem agir com a boa-fé. O juiz deve decidir baseado na prova dos autos.

Ocorre que a prova pericial é realizada por profissional com conhecimento técnico e científico e da confiança do juiz. Para tanto, o trabalho do perito seguirá todas as normas legais, a fim de que se realize da melhor forma e dentro dos parâmetros estabelecidos na determinação judicial, isto é, do ato pelo qual prestou compromisso.

O mercado contém valiosas obras sobre o tema. Contudo, verificamos que há carência de obra que transmita o que acontece na prática, no dia a dia da lide judicial. Evidentemente não possuímos a intenção de atender de forma plena aos anseios das necessidades técnicas, ou mesmo esgotar o conteúdo.

A pretensão se caracteriza por uma forte vontade de atingir os que lidam diariamente com a dura missão de levar a juízo as situações causadas pelo descumprimento das normas de Medicina do Trabalho e os que detêm a obrigação de solucionar os casos submetidos à apreciação do Poder Judiciário.

Para tanto, é imperioso municiar o auxiliar do juízo com informações que o façam colaborar de forma significativa e objetiva no desempenho do seu *mister*. Mas não é só. O auxiliar de Justiça também está obrigado a motivar a sua conclusão pericial, bem assim informar claramente os dados em que se baseou.

A porta está aberta para os que desejam enfrentar a missão de servir como auxiliar da Justiça, seja Fisioterapeuta, seja Médico do Trabalho, relevando salientar que o tema exposto está intrinsecamente ligado à saúde ocupacional.

Capítulo I

Reflexos da Revolução Industrial

Como introdução ao presente trabalho não poderíamos deixar de apresentar a valorosa narrativa dos autores Antonio Buono Neto e Elaine Arbex Buono[(1)], quando, preliminarmente, apresentaram um breve resumo de dados históricos, cujas linhas seguem abaixo transcritas:

> 'A Revolução Industrial foi a responsável pela grande convulsão na vida social da Inglaterra, cujas repercussões não se limitaram somente àquela época como ainda estamos sentindo seus efeitos nos dias atuais.
>
> A indústria se alastrou pelo país tendendo concentrar-se nas áreas de maior recurso de energias e matérias-primas e acompanhando este desenvolvimento surgiram cidades ao seu redor, sem um bom planejamento, somente para alojar a força de trabalho.
>
> Estas cidades mal construídas eram representadas por residências sem nenhuma condição de sobrevivência saudável dos seus habitantes.
>
> As condições nas minas e fábricas que iam crescendo a cada instante eram péssimas e o tratamento dispensado principalmente às crianças era tão desumano que o parlamento inglês aprovou no início do século XIX diversos decretos e leis preocupados com o bem-estar da população e principalmente da criança.
>
> Estes Decretos e Leis procuraram remediar a situação degradante que se implantava na Inglaterra nesta época.
>
> Em 1802, foi revogado o "Health and Morals of Apprentices Act", que se referia ao trabalho do menor em fábricas de algodão e lã. Estas crianças empregadas nestas indústrias poderiam trabalhar no máximo 12 horas por dias.

(1) BUONO NETO, Antonio; BUONO, Elaine Arbex. *Perícias judiciais na medicina do trabalho.* São Paulo: LTr, 2001. p. 12.

E assim, como veremos neste livro, a origem de legislação referente à medicina ocupacional tem como marco histórico este período tenebroso da história da humanidade.

Não podemos negar que existem muitas diferenças nas condições de trabalho atuais com as que ocorriam a duas ou três gerações anteriores.

Houve expressiva melhoria nas condições de trabalho, porém alguns elementos ainda continuam sem grandes progressos.

O fato é que muitos médicos têm tido a perder de vista a patogenicidade da ocupação de seus pacientes (somente nos casos clássicos de doenças de caráter ocupacional existe a correlação). É com a patogenicidade da ocupação do homem que a medicina do trabalho se preocupa.

O meio ambiente está se tornando cada vez mais evidenciado como fator desencadeante ou determinante de agravos na saúde do homem.

Na maioria das vezes é o ambiente de trabalho o responsável pelos principais efeitos na saúde do homem. Cerca de 1/3 da vida de um homem é gasto no trabalho.

Bastam essas razões para que nenhum médico, qualquer que seja sua especialidade venha negligenciar a profissão de seu paciente...'

Capítulo II

Auxiliares da Justiça

De acordo com a dicção do art. 149 do NCPC: *São auxiliares da Justiça, além de outros cujas atribuições sejam determinadas pelas normas de organização judiciária, o escrivão, o chefe de secretaria, o oficial de justiça, o perito, o depositário, o administrador, o intérprete, o tradutor, o mediador, o conciliador judicial, o partidor, o distribuidor, o contabilista e o regulador de avarias.*

Veja que o dispositivo legal aponta para duas espécies de auxiliar, qual seja, o permanente e o eventual. No caso não nos interessa os auxiliares da justiça permanentes, mas sim os tidos como eventuais.

O perito é um auxiliar eventual, uma vez que auxilia eventualmente o juízo, isto é, assiste o juiz quando a prova do fato em discussão depender de conhecimento técnico ou científico. Em verdade, o perito é um auxiliar puramente técnico; há uma necessidade técnica para que ele seja convocado pelo juiz.

No entanto, o perito não detém legitimidade para recorrer dos honorários periciais, em que pese exercer um múnus público.

O auxiliar eventual não é serventuário do Poder Judiciário, mas, no caso concreto, funciona de forma vinculada ao juízo. A atuação do perito é independente. Trata-se de profissional da confiança do juiz.

Veja os julgados:

PERITO JUDICIAL. LEGITIMIDADE PARA RECORRER. HONORÁRIOS PERICIAIS. O perito judicial não detém legitimidade para recorrer visando ao pagamento de honorários periciais, não sendo considerado terceiro prejudicado, na forma do subsidiário (CLT, art. 769) art. 499 do CPC, e sim auxiliar da justiça. (CPC, art. 139). Recurso não provido. (TRT 2ª R.; RO 0130200-31.2005.5.02.0005; Ac. 2012/0236197; Décima Primeira Turma; rel. Des. Fed. Ricardo Verta Luduvice; DJESP 13.3.2012)

HONORÁRIOS PERICIAIS. VALOR ARBITRADO. O perito, nomeado judicialmente, é um auxiliar do juízo (art. 139 do Código de Processo Civil) e, como tal, exerce um múnus público. Tal encargo, uma vez bem cumprido, há de merecer a justa contraprestação pecuniária, estipulada conforme o prudente arbítrio do julgador, mediante uma análise da complexidade dos trabalhos realizados pelo expert, conjuntamente com a natureza e o tempo neles dedicados, bem como com gastos por este despendidos para elaboração do laudo. TRT 6ª R.; RO

0000530-74.2011.5.06.0018; Segunda Turma; relª Juíza Fed. conv. Maria das Graças de Arruda França; Julg. 11.7.2012; DEJTPE 2.8.2012; p. 336).

Com efeito, os peritos serão nomeados entre os profissionais legalmente habilitados e os órgãos técnicos ou científicos devidamente inscritos em cadastro mantido pelo tribunal ao qual o juiz está vinculado (NCPC, art. 156, § 1º).

Na localidade onde não houver inscrito no cadastro disponibilizado pelo tribunal, a nomeação do perito é de livre escolha pelo juiz e deverá recair sobre profissional ou órgão técnico ou científico comprovadamente detentor do conhecimento necessário à realização da perícia (NCPC, art. 165, § 5º).

2.1. Fisioterapeuta

Descrição sumária segundo a Classificação Brasileira de Ocupações (CBO): Aplicam técnicas fisioterapêuticas para prevenção, readaptação e recuperação de pacientes e clientes. Atendem e avaliam as condições funcionais de pacientes e clientes utilizando protocolos e procedimentos específicos da fisioterapia e suas especialidades. Atuam na área de educação em saúde por meio de palestras, distribuição de materiais educativos e orientações para melhor qualidade de vida. Desenvolvem e implementam programas de prevenção em saúde geral e do trabalho. Gerenciam serviços de saúde orientando e supervisionando recursos humanos. Exercem atividades técnico-científicas mediante a realização de pesquisas, trabalhos específicos, organização e participação em eventos científicos.

Definição de fisioterapia: É uma ciência da Saúde que estuda, previne e trata os distúrbios cinéticos funcionais intercorrentes em órgãos e sistemas do corpo humano, gerados por alterações genéticas, por traumas e por doenças adquiridas. Fundamenta suas ações em mecanismos terapêuticos próprios, sistematizados pelos estudos da Biologia, das ciências morfológicas, das ciências fisiológicas, das patologias, da bioquímica, da biofísica, da biomecânica, da cinesia, da sinergia funcional, e da cinesia patologia de órgãos e sistemas do corpo humano e as disciplinas comportamentais e sociais.

Fisioterapeuta: Profissional de Saúde, com formação acadêmica Superior, habilitado à construção do diagnóstico dos distúrbios cinéticos funcionais (Diagnóstico Cinesiológico Funcional), à prescrição das condutas fisioterapêuticas, à sua ordenação e indução no paciente bem como ao acompanhamento da evolução do quadro clínico funcional e das condições para alta do serviço.

Trata-se de atividade de saúde, regulamentada pelo Decreto-lei n. 938/69, Lei n. 6.316/75, Resoluções do COFFITO, Decreto n. 9.640/84, Lei n. 8.856/94.

A Resolução n. 381, de 3 de novembro de 2010, do CONSELHO FEDERAL DE FISIOTERAPIA E TERAPIA OCUPACIONAL dispõe sobre a elaboração e emissão pelo Fisioterapeuta de atestados, pareceres e laudos periciais.

A Lei n. 12.842, de 10 de julho de 2013, que dispõe sobre o exercício da Medicina (conhecida como "Lei do Ato Médico") foi sancionada pela Presidenta da República e publicada no *Diário Oficial da União* de 11 de julho de 2013, Seção 1, p. 1.

O art. 4º, § 7º, da Lei n. 12.842/2012 assim dispõe: "*O disposto neste artigo será aplicado de forma que sejam resguardadas as competências próprias das profissões de assistente social, biólogo, biomédico, enfermeiro, farmacêutico, **fisioterapeuta**, fonoaudiólogo, nutricionista, profissional de educação física, psicólogo, terapeuta ocupacional e técnico e tecnólogo de radiologia*".

A Lei contemplou no conteúdo do citado parágrafo a exceção ao rol das atividades privativas do médico. Ou seja, amparou o exercício da profissão de FISIOTERAPEUTA em sua respectiva área de atuação com autonomia e independência.

A inovação legislativa abriu uma janela para a profissão de fisioterapeuta, sem contar que também provocou uma celeuma sobre a questão da competência privativa dos médicos.

2.2. Médico do Trabalho

A Medicina do Trabalho é a especialidade médica que lida com as relações entre homens e mulheres trabalhadores e seu trabalho, visando não somente à prevenção dos acidentes e das doenças do trabalho, mas à promoção da saúde e da qualidade de vida. Tem por objetivo assegurar ou facilitar aos indivíduos e ao coletivo de trabalhadores a melhoria contínua das condições de saúde, nas dimensões física e mental, e a interação saudável entre as pessoas e, destas, com seu ambiente social e o trabalho.

A Medicina do Trabalho está construída sobre dois pilares: a Clínica e a Saúde Pública. Sua ação está orientada para a prevenção e a assistência do trabalhador vítima de acidente, doença ou de incapacidade relacionados ao trabalho e, também, para a promoção da saúde, do bem-estar e da produtividade dos trabalhadores, de suas famílias e da comunidade (Fonte: *site* da ANAMT).

A redação da Resolução n. 1.488/98 do Conselho Federal de Medicina contempla a regulamentação da prestação dos serviços médicos, bem como do exercício do perito-médico judicial ou do assistente técnico. Também trata da responsabilidade, das atribuições e dos deveres no acompanhamento dos programas preventivos da Medicina do Trabalho.

Confira-se a Resolução n. 2.183/18 que traz nova regulamentação e procedimento, especialmente sobre a obrigatoriedade da vistoria ao local de trabalho para se avaliar o nexo de causalidade.

O art. 13º da Resolução n. 2.183/18 é reprodução do art. 10 da Resolução n. 1.488/98, e que o teor do art. 11 não foi inserido na nova resolução.

Assim, a conclusão que se chega do cotejo de normas do Conselho Federal de Medicina, antigas e atuais, é a de que, aquilo que era facultativo, isto é, a visita ao local de trabalho, foi afastada nos casos de perícia que vise a verificar o nexo causal entre a patologia encontrada no empregado doente e as condições de seu ambiente de trabalho e da função nele desenvolvida.

Com efeito, o laudo pericial sem visita ao local de trabalho, concluindo pela inexistência de nexo causal entre doença e trabalho, incorre em visível e explícito cerceio de defesa do empregado doente, com violação direta do art. 5º, LIV e LV, da CF, por patente violação aos princípios do devido processo legal e da ampla defesa.

Para o exercício da Medicina do Trabalho, espera-se que, além das competências mínimas, o profissional médico seja capaz de:

— Realizar exames de avaliação da saúde dos trabalhadores (admissionais, periódicos, demissionais), incluindo história médica, história ocupacional, avaliação clínica e laboratorial, avaliação das demandas profissiográficas e cumprimento dos requisitos legais vigentes;

— Diagnosticar e tratar as doenças e os acidentes relacionados com o trabalho, incluindo as providências para reabilitação física e profissional;

— Prover atenção médica de emergência, na ocorrência de agravos à saúde não necessariamente relacionados ao trabalho;

— Identificar os principais fatores de risco presentes no ambiente de trabalho decorrentes do processo laboral e das formas de organização do trabalho, além das principais consequências ou danos para a saúde dos trabalhadores;

— Identificar as principais medidas de prevenção e controle dos fatores de risco presentes nos ambientes e condições de trabalho, inclusive a correta indicação e limites do uso dos Equipamentos de Proteção Individual (EPI);

— Implementar atividades educativas junto aos trabalhadores e empregadores;

— Participar da inspeção e avaliação das condições de trabalho, com vistas ao seu controle e à prevenção dos danos para a saúde dos trabalhadores;

— Avaliar e opinar sobre o potencial tóxico de risco ou perigo para a saúde de produtos químicos mal conhecidos ou insuficientemente avaliados quanto à sua toxicidade;

— Interpretar e cumprir normas técnicas e os regulamentos legais, colaborando, sempre que possível, com os órgãos governamentais no desenvolvimento e no aperfeiçoamento desses códigos;

— Planejar e implantar ações para situações de desastres ou acidentes de grandes proporções;

— Participar da implementação de programas de reabilitação de trabalhadores com dependência química;

— Gerenciar as informações estatísticas e epidemiológicas relativas à mortalidade, à morbidade, à incapacidade para o trabalho, para fins da vigilância da saúde e do planejamento, implementação e avaliação de programas de saúde;

— Planejar e implementar outras atividades de promoção da saúde, priorizando o enfoque dos fatores de risco relacionados ao trabalho (Fonte: *site* da ANAMT).

Capítulo III

Necessidade do Conhecimento de Normas Jurídicas e Termos/Expressões Utilizados na Prática Forense

Antes de adentrarmos ao tema propriamente dito, necessário que se conheçam algumas das normas jurídicas aplicada no procedimento pericial e determinados termos utilizados na linguagem forense, bem como pelo juiz e partes no decorrer do procedimento processual. Ou seja, a terminologia utilizada que deverá ser de conhecimento do perito ou assistente técnico.

A primeira vista o conhecimento das normas e termos parece despiciendo. Contudo, ao depararmos com as expressões utilizadas de forma incorreta ou não muito clara, aí sim que se percebe o quanto é necessário a intimidade com a linguagem jurídica e forense.

Por exemplo: ao utilizar a expressão acórdão (decisão de órgão superior), o profissional pode querer escrever acordão (um grande acordo).

3.1. Legislação

Constituição Federal — Consolidação das Leis do Trabalho (CLT) — Código de Processo Civil Legislação previdenciária (p. ex.: Instrução Normativa n. 98, de 05 de dezembro de 2003) — Normas Regulamentadoras da Secretaria do Ministério do Trabalho — normatização do Conselho Federal de Medicina (p. ex.: Resolução n. 2.183/18) — Código de Ética, regimentos, portaria, instruções, resoluções (p. ex.: n. 381, de 3.11.2010 — atestados, pareceres e laudos periciais) etc. do Conselho Federal de Fisioterapia (COFITO).

Da prova pericial — arts. 148-149; 156-158; 464-480 do Novo Código de Processo Civil.

3.2. Glossário

- AÇÃO: ato preliminar da formação do processo.
- PETIÇÃO: pretensão inicial do autor.
- CONTESTAÇÃO: defesa do réu.
- AUTOS: conjunto das peças que compõem um processo.
- PROVA PERICIAL: procedimento realizado pelo perito.
- CONHECIMENTO ESPECIAL DE TÉCNICO OU CIENTÍFICO: o que o perito deve possuir na área objeto da perícia (p. ex.: Resolução n. 381/2010 — COFFITO; Resolução n. 1488/98 do CFM).
- REQUERIMENTO: pedido da parte (reclamante/reclamado; autor/réu) para realização da prova pericial.
- DEFERIMENTO/INDEFERIMENTO: decisão do juiz que pode acolher ou não o pedido para realização da prova pericial.
- DESPACHO: ato que defere o pedido e que nomeia o perito.
- NOMEAÇÃO: ato pelo qual o juiz indica e compromissa o perito.
- IMPEDIMENTO OU SUSPEIÇÃO: estado de comprometimento do perito que produz efeito para que o juiz deixe de nomear ao perito (p. ex.: parente; amigo).
- HONORÁRIOS PERICIAIS: valor arbitrado pelo juiz (critério/devolução/compensação — justiça gratuita — dotação do TRT).
- CARGA DO PROCESSO: ato de vistas do processo pelo perito (secretaria; balcão).
- ASSISTENTE TÉCNICO: profissional indicado (autor ou réu) para assistir uma das partes. A responsabilidade é da parte. Não presta qualquer compromisso. Apresenta o seu parecer.
- QUESITOS: perguntas formuladas pelas partes que devem ser respondidas pelo perito.
- QUESITOS IMPERTINENTES: são os quesitos indeferidos pelo juiz que não possuem relação com o objeto da perícia.
- QUESITOS SUPLEMENTARES: são os quesitos apresentados durante a realização da perícia.

• PARECER: trata-se de documento contendo opinião do fisioterapeuta acompanhada de documento firmado por este sobre determinada situação que exija conhecimentos técnicos/científicos no âmbito de sua atuação profissional decorrente de controvérsia submetida a alguma espécie de demanda, que não trata necessariamente de um indivíduo em especial.

• Portanto, significa emitir opinião, fundamentada, sobre aspectos gerais ou específicos da respectiva disciplina (Fisioterapia) em face do grau de capacidade ou incapacidade funcional, com vistas a apontar competências ou incompetências (transitórias ou definitivas), mudanças ou adaptações nas funcionalidades (transitórias ou definitivas) e seus efeitos no desempenho laboral objeto desta Resolução.

• LAUDO PERICIAL: trata-se de documento contendo opinião/parecer técnico em resposta a uma consulta, decorrente de controvérsia submetida a alguma espécie de demanda. É um documento redigido de forma clara, objetiva, fundamentado e conclusivo. É o relatório da perícia realizada pelo autor do documento, ou seja, é a tradução das impressões captadas por este, em torno do fato litigioso, por meio dos conhecimentos especiais que detém em face do grau de capacidade ou incapacidade funcional, com vistas a apontar as competências ou incompetências (transitórias ou definitivas) de um indivíduo ou de uma coletividade e mudanças ou adaptações nas funcionalidades (transitórias ou definitivas) e seus efeitos no desempenho laboral.

• IMPUGNAÇÃO: manifestação das partes quando ao resultado da perícia. Pedido de esclarecimentos. Comparecimento na audiência.

• ACIDENTE DO TRABALHO: é o que ocorre pelo exercício do trabalho a serviço da empresa ou pelo exercício do trabalho dos segurados referidos no inciso VII do art. 11 da Lei n. 8.213/91, provocando lesão corporal ou perturbação funcional que cause a morte ou a perda ou redução, permanente ou temporária, da capacidade para o trabalho, inclusive e especialmente pelo trabalho pela qual foi contratado.

• ACIDENTE EQUIPARADO: doença ocupacional (doença do trabalho e doença profissional).

• CONCAUSA: equipara-se também o acidente ligado ao trabalho que, embora não tenha sido a causa única, haja contribuído diretamente... (art. 21, inciso I, da Lei n. 8.213/91).

• SENTENÇA: ato do juiz que extingue o processo com ou sem o julgamento do mérito.

• ACÓRDÃO: peça escrita que contém o resultado de julgamento proferido por um colegiado, isto é, por um grupo de juízes ou ministros. Compõem-se de três partes: relatório (exposição geral sobre o assunto julgado); voto (fundamentação da decisão tomada) e dispositivo (a decisão propriamente dita). Diz-se acórdão porque a decisão resulta de uma concordância (total ou parcial) entre os membros do colegiado. Nos casos de dissídios coletivos, os acórdãos também são chamados de sentença normativa.

• TRÂNSITO EM JULGADO: decisão judicial, de qualquer instância, contra a qual não tenha sido apresentado recurso dentro do prazo legal. Nesse caso, dá-se o trânsito em julgado, e a decisão pode ser executada.

• PARTE SUCUMBENTE: responsabilidade pelo pagamento dos honorários periciais.

• JUSTIÇA GRATUITA: benefício concedido ao reclamante (empregado).

• ENUNCIADO DE SÚMULA: jurisprudência dominante no Tribunal Superior do Trabalho em dissídios individuais. Os Enunciados são propostos pelos Ministros à Comissão de Jurisprudência do TST e tratam de temas que tenham sido suficientemente debatidos e decididos de maneira uniforme em várias ocasiões. Uma vez aprovados, os Enunciados passam a orientar as decisões das Turmas e dos demais órgãos do Tribunal em questões semelhantes. Juízes e advogados ficam sabendo também qual é a posição do TST em determinadas questões.

• RECURSO: meio pelo qual uma das partes, vencida numa decisão judicial, procura obter outro pronunciamento, para anulá-la ou reformá-la, total ou parcialmente[2].

(2) Curso de linguagem jurídica para Fisioterapeuta atuar em perícias ou assistência técnica jurídica — CREFIT.

Capítulo IV

Habilitação do Perito Junto ao Poder Judiciário. O Papel do Perito Judicial e do Assistente Técnico no Processo. Nova Sistemática

4.1. Habilitação do perito

Não é novidade para os que labutam na Justiça que a prova pericial pode consistir em um exame, uma vistoria ou avaliação, sendo necessária quando a questão objeto do litígio, para ser julgada, necessita de conhecimentos e esclarecimentos técnicos.

O Novo Código de Processo Civil introduziu uma modificação quanto ao procedimento de escolha dos profissionais que pretendem atuar como peritos.

Agora, os peritos serão nomeados entre os profissionais legalmente habilitados (especializados) e os órgãos técnicos ou científicos devidamente inscritos em cadastro mantido pelo tribunal ao qual o juiz está vinculado (NCPC, arts. 156, § 1º, e 465).

A legislação fala da formação de cadastro e consulta pública pelos tribunais, divulgação na rede mundial de computadores ou jornais de grande circulação, além de consulta às universidades etc. (NCPC, art. 156, § 2º).

De igual forma, permanece a regra de que na localidade onde não houver inscrito no cadastro disponibilizado pelo tribunal, a nomeação do perito é de livre escolha pelo juiz e deverá recair sobre profissional ou órgão técnico ou científico comprovadamente detentor do conhecimento necessário à realização da perícia (NCPC, art. 156, §§ 4º e 5º).

Por uma questão de justiça, o Código contemplou o procedimento de que "*Será organizada lista de peritos na vara ou na secretaria, com disponibilização dos documentos exigidos para habilitação à consulta de interessados, para que a nomeação seja distribuída de modo equitativo, observadas a capacidade técnica e a área de conhecimento*" (NCPC, art. 157, § 2º).

Ao que parece, a nova sistemática visa uniformizar o procedimento. Algumas mudanças já eram objeto de observação na questão prática, especialmente quanto ao objeto da perícia, a metodologia, a linguagem utilizada pelo profissional etc.

O prazo unificado já é uma regra na Justiça do Trabalho.

Afirma-se, em que pese a tentativa, as dificuldades continuam na Justiça do Trabalho. Tudo indica que a solução passaria pela instituição do quadro de perito na Justiça do Trabalho, inclusive, conforme já ponderamos com diversos ministros do Tribunal Superior do Trabalho quando do exercício na corregedoria.

Para que o profissional possa se habilitar a exercer a função de perito judicial, independentemente da área do conhecimento técnico específico, deve apresentar o seu histórico ou perfil profissional ao órgão judicial.

O procedimento funciona da seguinte maneira: O profissional se dirige ao Fórum da Justiça (Trabalho, Estadual, Federal) em qual pretende atuar, e apresenta, por meio de ofício, a documentação ao Diretor do Fórum.

Se a solicitação (pedido) do profissional for deferida, ele passará a integrar a relação dos peritos que atuarão nos processos da competência daquela Justiça.

O perito funciona como verdadeiro assistente do juízo. É pessoa de inteira confiança do juiz. A nomeação não depende da vontade das partes. No entanto, as partes podem impugnar a nomeação. Esta deve ser fundamentada, pois não basta a simples alegação de que não concorda com a nomeação. Da decisão do juiz cabe protestos.

É princípio básico que o perito (auxiliar da justiça) deve: agir de forma honesta e com imparcialidade no que tange à busca da verdade dos fatos a serem investigados, ou seja, idoneidade profissional.

O perito deve também gozar de boa reputação profissional e atuar dentro da área de sua especialidade, levando em conta apenas os aspectos técnicos, e apresentando o maior número de hipóteses de certeza dentro do seu laudo. A resposta a todos é obrigação legal, ainda que apresente aspecto contraditório.

A perícia determinada leva em consideração a existência de dúvidas quanto aos fatos apresentados no processo. Em se tratando de investigação do nexo de causalidade, tipo de incapacidade (parcial/total; temporária/permanente) e percentual de incapacidade, a conclusão deve conter forte juízo de certeza, uma vez que servirá como base sólida para a solução do processo.

O juiz não está vinculado à conclusão do perito, podendo formar sua convicção com os demais elementos de prova contidos no processo, no entanto, se assim o fizer, deverá motivar suas razões de forma clara e objetiva, mesmo porque não possui formação técnica na área objeto do procedimento pericial.

O trabalho do assistente serve apenas como referência visando à garantia constitucional do direito ao contraditório. O juiz não despreza o contido no laudo ou parecer realizado pelo assistente técnico. Entretanto, a consistência técnica do trabalho pode influenciar no convencimento do juiz. O assistente técnico é contratado pela parte, por isso não possui compromisso com o juízo.

4.2. Suspeição do perito

Com amparo no art. 148 do NCPC(3), ao perito também é aplicado o procedimento da suspeição(4). Com efeito, para evitar o incidente processual, melhor será que o próprio profissional, em havendo causa para tanto, decline da indicação.

Não é comum, mas as vezes ocorre do perito se indispor com o advogado da parte no ato da vistoria ao local de trabalho. Nesse momento o trabalhador se faz acompanhar do advogado, por autorização judicial, sendo dele a responsabilidade pelo esclarecimento da verdade.

O perito coleta dados e informações, porém não pode se portar como testemunha ou informante. A prova é técnica. Quem emite parecer é o assistente técnico da parte.

---

(3) Art. 148. Aplicam-se os motivos de impedimento e de suspeição:

I – ao membro do Ministério Público;

II – aos auxiliares da justiça;

III – aos demais sujeitos imparciais do processo.

§ 1º A parte interessada deverá arguir o impedimento ou a suspeição, em petição fundamentada e devidamente instruída, na primeira oportunidade em que lhe couber falar nos autos.

§ 2º O juiz mandará processar o incidente em separado e sem suspensão do processo, ouvindo o arguido no prazo de 15 (quinze) dias e facultando a produção de prova, quando necessária.

§ 3º Nos tribunais, a arguição a que se refere o § 1º será disciplinada pelo regimento interno.

§ 4º O disposto nos §§ 1º e 2º não se aplica à arguição de impedimento ou de suspeição de testemunha.

(4) Art. 145. Há suspeição do juiz:

I – amigo íntimo ou inimigo de qualquer das partes ou de seus advogados;

II – que receber presentes de pessoas que tiverem interesse na causa antes ou depois de iniciado o processo, que aconselhar alguma das partes acerca do objeto da causa ou que subministrar meios para atender às despesas do litígio;

III – quando qualquer das partes for sua credora ou devedora, de seu cônjuge ou companheiro ou de parentes destes, em linha reta até o terceiro grau, inclusive;

IV – interessado no julgamento do processo em favor de qualquer das partes.

§ 1º Poderá o juiz declarar-se suspeito por motivo de foro íntimo, sem necessidade de declarar suas razões.

§ 2º Será ilegítima a alegação de suspeição quando:

I – houver sido provocada por quem a alega;

II – a parte que a alega houver praticado ato que signifique manifesta aceitação do arguido.

Não se trata apenas de combater a conclusão, no entanto, acima de tudo o procedimento de investigação dos fatos técnicos.

Em decisão no Tribunal Superior do Trabalho sobre a animosidade entre o perito e o advogado da parte, o acórdão trouxe à lume a seguinte situação: "*Nesse contexto, verifica-se que o reclamante apresentou os quesitos complementares ao laudo pericial em 17.4.2018 e o perito somente respondeu os quesitos em 1º.7.2019, ou seja, houve uma demora de mais de um ano para responder os quesitos complementares, atraso não justificado pelo expert nos autos. Somando-se a isso, no laudo complementar (fl. 1220/1223 do pdf.) o perito responde aos quesitos do reclamante, entretanto, não se restringe apenas as questões técnicas pertinentes ao caso, teceu comentários sobre a elaboração das perguntas feitas pelo advogado e terminou o documento esclarecendo que o processo formulado pelo advogado de forma unilateral foi devidamente arquivado. Tais comentários e esclarecimentos revelam com clareza a animosidade entre o patrono do reclamante e o perito designado para o caso, por ausência de imparcialidade na elaboração do laudo complementar, em decorrência das denúncias formuladas em 24.8.2018 ao CRM/PB pelo advogado do reclamante contra o expert, afetando, consequentemente, toda a atuação do perito no processo*".

Consta no art. 9º, § 3º, da Resolução n. 233 de 13.07.2016 do CNJ, *in verbis*:

> Art. 9º Cabe ao magistrado, nos feitos de sua competência, escolher e nomear profissional para os fins do disposto nesta Resolução.
>
> (...)
>
> § 3º É vedada, em qualquer hipótese, a nomeação de profissional que seja cônjuge, companheiro ou parente, em linha colateral até o terceiro grau de magistrado, de advogado com atuação no processo ou de servidor do juízo em que tramita a causa, para a prestação dos serviços de que trata esta Resolução, devendo declarar, se for o caso, o seu impedimento ou suspeição.

4.3. Julgados

> CERCEAMENTO DE DEFESA. Não constam do acórdão regional elementos capazes de amparar a tese recursal de que o perito judicial não teria se pronunciado sobre questões levantadas durante a instrução probatória. Nem sequer a recorrente informa o que pretende provar com os esclarecimentos supostamente não prestados pelo perito. Verifica-se, portanto, que os questionamentos da reclamada a respeito do laudo pericial apresentado são de cunho nitidamente genérico. Por outro lado, segundo o regional, a reclamada poderia ter indicado assistente técnico, mas não o fez, limitando-se a trazer alegações desprovidas de conteúdo científico. Assim, nos termos em que proferida a decisão regional, afasta-se a alegada ofensa ao art. 5º, inciso LV, da Constituição Federal. Recurso de revista não conhecido. Dano moral decorrente de acidente do trabalho. Redução do valor da indenização fixada em R$ 20.000, (vinte mil reais). A Subseção de Dissídios Individuais I desta corte já decidiu que, quando o valor atribuído não for teratológico, deve a instância extraordinária se abster de rever o sopesamento fático no qual se baseou o regional para arbitrar o valor da indenização

proporcional ao dano moral causado pelo empregador (E-RR. 3990008.2007.5.06.0016, data de julgamento: 18.8.2011, relator Ministro: Carlos Alberto Reis de Paula, subseção I especializada em dissídios individuais, data de publicação: *DEJT* 9.1.2012). Dessa forma, em face do módico valor fixado pelas instâncias ordinárias a título de indenização por danos morais, não se verifica, absolutamente, a alegada violação à literalidade do art. 5º, inciso V, da Constituição Federal. Recurso de revista não conhecido. Pensão mensal. Pagamento em parcela única. Julgamento extra petita. Falta de prequestionamento. O recurso de revista não alcança conhecimento, haja vista a falta de prequestionamento da tese de julgamento extra petita pelo juízo de primeiro grau, uma vez que a corte regional não se manifestou a respeito, tampouco foi instada a fazê-lo por meio dos competentes embargos de declaração, o que impõe a incidência da Súmula n. 297, itens I e II, desta corte. Salienta-se que, nos termos da Orientação Jurisprudencial n. 119 da SBDI-1 desta corte, exige-se o prequestionamento se a violação indicada não houver nascido na própria decisão recorrida, como é o caso dos autos. Recurso de revista não conhecido. Pensão mensal. Pagamento em parcela única. Divergência jurisprudencial não demonstrada. A divergência jurisprudencial, no entanto, não está demonstrada, haja vista que o aresto citado para o cotejo não é específico, nos termos exigidos pela Súmula n. 296, item I, desta corte, pois apresenta conteúdo genérico e não trata das mesmas premissas fáticas e jurídicas delineadas pelo regional neste caso. Recurso de revista não conhecido. Honorários advocatícios. Mera sucumbência. A jurisprudência desta corte, sedimentada na Súmula n. 219, item I, interpretando o art. 14 da Lei n. 5.584/70, estabelece os requisitos para o deferimento de honorários advocatícios, nos seguintes termos: na justiça do trabalho, a condenação ao pagamento de honorários advocatícios, nunca superiores a 15% (quinze por cento), não decorre pura e simplesmente da sucumbência, devendo a parte estar assistida por sindicato da categoria profissional e comprovar a percepção de salário inferior ao dobro do salário mínimo ou encontrar-se em situação econômica que não lhe permita demandar sem prejuízo do próprio sustento ou da respectiva família. Assim, o regional, ao deferir os honorários advocatícios apenas pela mera sucumbência, contrariou o entendimento sedimentado nesta corte. Recurso de revista conhecido e provido. (Tribunal Superior do Trabalho TST; RR 0226800-36.2005.5.15.0011; rel. Min. José Roberto Freire Pimenta; DEJT 6.3.2015) CF, art. 5º.

92725755 – AGRAVO DE INSTRUMENTO. 1) Cerceamento de defesa. Ao juiz, particularmente na jurisdição do trabalho, incumbe, no exercício do dever de direção processual, velar pelo rápido andamento das ações judiciais (CLT, art. 765, c/c inciso LXXVIII, do art. 5º, da CRFB). Para atingir tal desiderato, deve indeferir as diligências inúteis, ou meramente protelatórias (CPC, art. 130, c/c art. 769, da CLT). Não viabiliza a revisão pretendida a alegação de ofensa ao art. 5º, inciso LV, da Carta Magna, por indeferimento de oitiva de testemunha, quando o parecer do assistente técnico da reclamada apresenta o elemento necessário para identificar quem foi o responsável pelo acidente do trabalho, revelando a inutilidade da prova oral indeferida. Agravo de instrumento desprovido. 2) indenização por dano moral e material. Quantum indenizatório. O exame das razões do agravo revela que o revolvimento da matéria fática é, na hipótese dos autos, pressuposto para a aferição da tese esgrimida pela agravante, no tocante à fixação da indenização por dano moral, como material, haja vista que o tribunal de origem estimou o quantum respectivo, mediante a observância de que o reclamante, aos dezenove anos de idade, sofreu séria lesão em sua mão dominante, resultando em perda funcional total e anquilose do punho direito, o que o incapacita totalmente para atividades que exercia e outras similares, correspondendo à perda de 60% de sua capacidade laborativa, ensejando, inclusive, a sua precoce aposentadoria por invalidez. Agravo de instrumento a que se nega provimento. (Tribunal Superior do Trabalho TST; AIRR 0000320-44.2012.5.15.0048; rel. Des. Conv. Alexandre Teixeira de Freitas Bastos Cunha; DEJT 6.3.2015)

RECURSO ORDINÁRIO. AÇÃO RESCISÓRIA. Art. 485, III, V, VII, DO CPC. EQUIPARAÇÃO SALARIAL E INDENIZAÇÃO POR DANO MORAL DECORRENTE DE ACIDENTE DO TRABALHO. SENTENÇA. NULIDADE. TESTEMUNHAS. INQUIRIÇÃO. INDEFERIMENTO. LAUDO PERICIAL. ELABORAÇÃO POR MÉDICO SUSPEITO OU IMPEDIDO. NÃO PROVIMENTO. 1. Infundada a nulidade alegada pelo ora recorrente como fundamento ao pedido de corte rescisório da sentença pela indicação de ofensa aos arts. 5º, LV, da Constituição Federal, 794 a 798 da CLT, 134 a 138, III, do CPC. 2. Segundo alega o recorrente, a oitiva das testemunhas que buscava ver inquiridas por ocasião da audiência tinha por objetivo comprovar, quanto ao pedido de indenização por dano moral decorrente de acidente do trabalho, (...) a amizade íntima do médico perito com os diretores da empresa recorrida e também o parentesco do perito médico com os proprietários da referida empresa (...); e, em relação ao pleito de equiparação salarial, (...) a identidade de funções exercidas entre ele e o paradigma (...). 3. Entretanto, em nenhuma das duas hipóteses a nulidade se sustenta. Isso porque, conforme bem pontuou o TRT quando do julgamento da rescisória, desnecessária, de fato, a inquirição de testemunhas para a análise da controvérsia envolvendo o pleito de equiparação salarial, se da sentença rescindenda consta que a conclusão do I. Juiz amparou-se no depoimento prestado pelo próprio reclamante, que, na ocasião, teria sido conclusivo pela inexistência da alegada identidade de funções com o paradigma. 4. Ademais, em relação ao pleito de indenização por dano moral, inócua se mostra a discussão em torno da validade, ou não, do laudo pericial elaborado nos autos, que, segundo o ora recorrente, teria sido supostamente produzido por perito tido por suspeito ou impedido, dada a existência de parentesco com os diretores da reclamada. Isso porque, neste ponto, a MM. Vara do trabalho de origem assentou que a perícia realizada nos autos da ação judicial movida contra o INSS, na justiça federal, guarda idêntica conclusão àquela constante do laudo pericial produzido no feito originário. Ademais, consignou a existência nos autos de documento, juntado pelo próprio reclamante, atestando a concessão de auxílio-doença, mas não de benefício a título de acidente de trabalho, que, não restando caracterizado nos autos, retirava do autor o direito à postulada indenização por danos morais. 5. Como se vê, a improcedência de ambos os pleitos — Equiparação salarial e indenização por danos morais — encontra respaldo em outras provas produzidas nos autos, de modo que a falta de oitiva das testemunhas indicadas não trouxe qualquer prejuízo ao reclamante. 6. Vale acrescentar que, por essa mesma razão, o pedido de corte rescisório do autor não prospera sob a ótica do inciso VII do art. 485 do CPC. 7. Conforme dito, o autor afirma, neste ponto, que apenas após a prolação da sentença teria tomado conhecimento da existência de documentos, aptos a comprovar (...) o parentesco do perito com a direção da demandada, motivo pelo qual o referido profissional torna-se suspeito e impedido (...). 8. Sucede, entretanto, que, além de o autor não ter logrado comprovar nos autos da rescisória tal alegação, o reconhecimento de tal circunstância não é capaz de assegurar-lhe, por si só, pronunciamento favorável. Isso porque, como já afirmado, a improcedência do pleito de indenização por danos morais não decorreu, única e exclusivamente, do laudo pericial elaborado nos autos do processo originário, já que a própria sentença rescindenda reconhece a existência de outros elementos probatórios capazes de ratificar a conclusão a que chegou o I. Perito. 9. Por fim, quanto ao dolo alegado como fundamento à rescisória, vale consignar que, diante de todo o exposto, resta inócua a discussão em torno da sua eventual configuração nos autos. 10. De fato, se a improcedência do pedido de indenização por dano moral calcou-se, como visto, em outros elementos de prova — Capazes de fazer subsistir a sentença rescindenda —, fica claro que nenhuma utilidade prática adviria ao ora recorrente o eventual reconhecimento de dolo na espécie. Repita-se que, no caso, a sentença apontada como rescindenda afirma que o laudo pericial produzido nos autos da ação intentada na justiça federal e o documento acostado pelo reclamante comprovaram que a doença que acometera o reclamante era degenerativa, a ele não sendo assegurado, portanto, a postulada indenização por dano moral com fundamento em acidente de trabalho. 11. À vista de todo o exposto, fica claro que a ação rescisória do autor não logra êxito por nenhum dos fundamentos indicados na petição inicial. Recurso ordinário a que se nega provimento. (Tribunal Superior do Trabalho TST; RO 3295-41.2010.5.12.0000; Segunda Subseção de Dissídios Individuais; rel. Min. Guilherme Augusto Caputo Bastos; DEJT 3.4.2012; p. 170)

RECURSO DE REVISTA. NULIDADE DO LAUDO PERICIAL. SUSPEIÇÃO DO PERITO. I. A corte regional rejeitou a preliminar de nulidade do laudo pericial, sob o fundamento de que a circunstância de o expert integrar o quadro de pessoal do INSS não macula, em princípio, a manifestação deste profissional sobre a etiologia da doença da postulante. Tanto mais considerando a natureza jurídica da pretensão ora formulada e a não inclusão do órgão previdenciário no polo passivo desta demanda. II. Não se visualiza violação dos arts. 135, V, e 138 do CPC, pois, conforme decidiu a corte regional, pressupõe- se que o perito previdenciário, mesmo atuando na esfera administrativa, conduza sua avaliação de modo imparcial, e não tendenciosamente favorável ao órgão público, até porque o INSS não compõe o polo passivo da lide. III. Recurso de revista de que não se conhece. Cerceamento de defesa. I. O Tribunal Regional concluiu pela inexistência de cerceamento de defesa, pois as perguntas indeferidas pelo juízo se não se trataram de questionamentos sobre os fatos circunscritos à prestação laboral — A exemplo das tarefas especificamente realizadas, do volume de trabalho por hora, do gozo de intervalos e da cobrança de metas —, mas de simples classificação técnica daqueles elementos. Afinal, delimitada a ocupação funcional, incumbia ao expert dizer se ela exigia flexão ou rotação do tronco. II. O art. 845 da CLT limita-se a consignar que o reclamante e o reclamado comparecerão à audiência acompanhados das suas testemunhas, apresentando, nessa ocasião, as demais provas. Assim, o indeferimento de perguntas que o juiz entende desnecessárias não configura ofensa ao referido dispositivo de Lei. III. Por outro lado, não há ofensa ao art. 5º, LV, da Constituição Federal, pois, conforme registrou o Tribunal Regional, incumbia ao perito responder às duas perguntas indeferidas, pois não diziam respeito aos fatos circunscritos à prestação laboral (...) mas de simples classificação técnica daqueles elementos. IV. Recurso de revista de que não se conhece. Horas extras. Banco de horas. Acordo para compensação de jornada. I. A corte regional negou provimento ao recurso ordinário interposto pela reclamante, mantendo a sentença em que se indeferiu o pedido de condenação da reclamada ao pagamento de horas extras além da 8ª diária. Concluiu que o banco de horas e o acordo de compensação semanal não são inconciliáveis na hipótese, pois, além de estarem presentes as formalidades impostas à implementação do banco de horas, a forma de controle utilizada pela recorrida não traz prejuízo à recorrente, porquanto perfeitamente possível aferir a correção do tempo computado por simples operação aritmética. II. A corte regional não adotou tese sobre a matéria disciplinada no art. 122 do CCB. Ausente o necessário prequestionamento, incide na hipótese o entendimento sedimentado na Súmula n. 297 do TST. III. Também não se visualiza ofensa ao art. 59, §2º, da CLT, pois não consta do acórdão regional a existência de labor além da 10ª hora diária, pelo contrário: A corte regional concluiu que o demandante não costumava ultrapassar o limite diário de trabalho de oito horas e quarenta e oito minutos. IV. Os arestos colacionados (fls. 376/378) não abrangem todos os fundamentos da decisão recorrida, a saber: Observância das formalidades impostas à implementação do banco de horas, fiel observância das horas sobressalentes de trabalho (fl. 353 – Verso) e a ausência de prejuízo à reclamante. Incide na hipótese o entendimento consagrado nas Súmulas ns. 23 e 296/TST. V. Recurso de revista de que não se conhece. Intervalo intrajornada. Redução. I. O Tribunal Regional manteve a sentença em que se indeferiu o pedido de pagamento da indenização referente à redução do intervalo intrajornada. Concluiu que não havia realização habitual de horas extras, mas apenas a prorrogação decorrente da instituição do sistema de compensação de jornada, perfeitamente compatível com a redução autorizada do intervalo destinado à alimentação. II. Trata-se de matéria de natureza interpretativa, o que afasta a possibilidade de seguimento do recurso de revista por violação do art. 71, § 3º, da CLT (Súmula n. 221, II, desta corte). O processamento do recurso de revista depende de apresentação de tese oposta específica, nos termos do art. 896, "*a*", da CLT. III. O único aresto colacionado (fl. 381) é inespecífico, pois não contempla a mesma hipótese examinada pelo Tribunal Regional, em que a prorrogação de jornada decorria da instituição do regular sistema de compensação de jornada adotado pela reclamada (Súmula n. 296/TST). IV. Não conheço do recurso de revista. Trabalho da mulher. Intervalo entre o fim da jornada normal e o início da jornada suplementar. Art. 384 da CLT. I. O Tribunal Regional afastou a aplicação da norma do art. 384 da CLT por considerá-la discriminatória, consignando que não foi recepcionada pela Constituição Federal de 1988. II. Contudo, esta corte consolidou entendimento de que o intervalo previsto no art. 384 da CLT para as trabalhadoras não traduz violação da isonomia e foi recepcionado pelo ordenamento constitucional vigente. III. Por outro lado, a inobservância do comando do referido dispositivo legal importa a aplicação, por analogia, dos efeitos previstos no art. 71, § 4º, da CLT. Precedentes. IV. Recurso de revista de que se conhece e a que se dá provimento. Honorários advocatícios. I. A corte regional manteve a sentença em que se indeferiu o pedido de pagamento de honorários advocatícios, sob o fundamento de que a autora não está assistida pelo sindicato da categoria. II. Todavia, não examinou a matéria sob o enfoque do art. 389 do CCB, motivo por que não há violação do referido dispositivo. A ofensa se configura quando o julgado apresenta tese contrária ao texto da Lei, o que pressupõe manifestação explícita sobre a matéria nele disciplinada (Súmula n. 297/TST). III. Recurso de revista de que não se conhece. (Tribunal Superior do Trabalho TST; RR 124800-94.2006.5.12.0046; Quarta Turma; rel. Min. Fernando Eizo Ono; DEJT 2.12.2011; p. 2.494)

AGRAVO DE INSTRUMENTO. RECURSO DE REVISTA. 1. Nulidade processual. Cerceamento do direito de defesa. Suspeição de perito. Sendo efetivamente desnecessárias ao julgamento da controvérsia as provas requeridas pelo reclamante, o seu indeferimento pelo julgador de primeiro grau encontra amparo nas normas inscritas nos arts. 130 do CPC e 765 e 794 da CLT, inexistindo o alegado cerceamento de defesa. No tocante à suspeição do perito, a decisão regional está amparada no art. 138, § 1º, do CPC, na medida em que não houve arguição na primeira oportunidade em que coube ao reclamante falar nos autos. Assim, não se configura violação dos dispositivos invocados. 2. Adicional de insalubridade. O regional consignou que os equipamentos de proteção fornecidos neutralizaram eventual exposição aos agentes agressivos. Conclusão diversa, com vistas a se verificar a alegada contrariedade às Súmulas ns. 80 e 289 do TST, demandaria reexame de fatos e provas, vedado pela Súmula n. 126 desta corte superior. 3. Horas extras. Ônus da prova. Verifica-se que o regional distribuiu corretamente o ônus da prova, pois, uma vez provado pela reclamada a validade dos cartões de ponto, cabia ao reclamante comprovar fato constitutivo de seu direito, o que não o fez. Incólumes os arts. 818 da CLT e 333, I, do CPC. 4. Acidente de trabalho. Responsabilidade. Indenização. O julgador a quo, pelo exame das provas coligidas aos autos, concluiu pela ausência de culpa da reclamada, afastando a responsabilização civil e a obrigação de indenizar. Incólumes, pois, os dispositivos invocados pela aplicação da Súmula n. 126/TST. 5. Responsabilidade subsidiária e multa dos arts. 477 e 467 da CLT. Conforme exposto pelo regional, a multa do art. 467 da CLT é indevida porque não houve condenação a verbas incontroversas nos autos. Já a multa do art. 477 não foi pleiteada na inicial, conforme consignou o regional, de modo que, qualquer concessão nesse sentido implicaria violação dos arts. 128 e 460 do CPC. E não há falar em responsabilidade subsidiária, diante da improcedência da ação. Agravo de instrumento conhecido e não provido. (Tribunal Superior do Trabalho TST; AIRR 62000-95.2008.5.15.0104; Oitava Turma; relª. Minª. Dora Maria da Costa; DEJT 23.9.2011; p. 2023)

AGRAVO REGIMENTAL. EXCEÇÃO DE SUSPEIÇÃO. INTEMPESTIVIDADE. A arguição de suspeição deve ser suscitada na primeira oportunidade em que couber à parte interessada se manifestar nos autos (§ 1º, do art. 138, do CPC), observado o prazo de até 15 (quinze) dias contados da data ciência do fato causador da alegada suspeição, (arts. 304 e 305, do CPC). Agravo regimental a que se nega provimento. (Tribunal Superior do Trabalho TST; Ag-ExcSusp 2187236-27.2009.5.00.0000; Segunda Turma; rel. Min. Guilherme Augusto Caputo Bastos; DEJT 7.10.2011; p. 1.009)

Capítulo V

Procedimento Pericial na Investigação e Avaliação dos Danos Causados à Saúde do Trabalhador

5.1. Cumprimento das normas

Tendo em vista que o protocolo de investigação das lesões, danos, agravos etc. segue determinados procedimentos técnicos, o auxiliar do Juízo deve ser orientado a proceder com expressa observância (metodologia) das seguintes normas:

- Resolução n.2.183/18.
- Ordem de Serviço/INSS n. 606/98.
- Resolução INSS/DC n. 10/1999.
- Instrução Normativa n. 31/2008 do INSS.
- Instrução Normativa n. 98/2003 do INSS.
- Instrução Normativa n. 88/2010 do INSS.
- Norma Regulamentadora n. 17 do MTE.
- Manual de aplicação da NR n. 17 do MTE.
- Resolução n. 1.488/98, do CFM.
- Nexo Técnico Epidemiológico (NTEP).
- Lei n. 8.213, art. 21, I; art. 21-A; art. 121.
- Decreto n. 6.048/2007.

A omissão do perito em vistoriar o local e o posto de trabalho atrai a aplicação do art. 480 do NCPC, podendo ensejar a realização de segunda perícia, sem excluir as demais penalidades aplicadas em razão da responsabilidade profissional (indenização, multa etc.).

Ao nosso ver, não se trata de faculdade como muitos peritos tentam justificar, mas sim de procedimento imperioso e necessário para se chegar a conclusão quanto a existência ou não do nexo de causalidade ou concausalidade.

Data venia não há como se excluir a relação sem a devida vistoria do local de trabalho, ainda mais se já transcorreu um tempo entre o afastamento das atividades e a realização da perícia.

O exame médico e os exames científicos são importantíssimos, porém a análise da função com suas peculiaridades e movimentos não pode ser deixada de lado por conta do eventual conhecimento do local, uma vez que cada caso é um caso, bem como tudo pode ser diferente em cada oportunidade.

O resultado dessa atitude, quando recepcionada pelo juízo, tem sido ruim para o empregado, pois o advogado perde a possibilidade de acompanhar a perícia e verificar no local a realidade do exercício da função.

Por não ser médico, o advogado não pode acompanhar a perícia médica no consultório.

Ademais, a perícia realizada na Vara do Trabalho causa um constrangimento explícito, haja visto que a pessoa que irá se submeter a consulta pode confundir o direito de isenção. O local não é apropriado.

Destaca-se que o procedimento afronta o direito da liberdade e privacidade da parte, bem como, causa constrangimento à dignidade da sua pessoa. Trata-se de local inapropriado. Não se trata de consultório médico ou unidade hospitalar.

A perícia realizada nestes moldes desatende aos parâmetros operacionais de coleta de dados, de sua análise e dos métodos de investigação aplicados, implicando no desmerecimento das conclusões apresentadas.

A prova técnica tem por objeto análise da realidade pericial, constituída, e não na exclusividade de exames médicos apresentados e de entrevista direta da parte, sem que a abordagem dos temas apreciados pelo perito tenha incidência, dentre outras circunstâncias, sobre o estudo do local de trabalho, o que resulta em desatendimento da metodologia e do procedimento que orienta tal atividade, diretrizes consolidadas na resolução do Conselho Federal de Medicina.

Tais circunstâncias, por si só, geram desapreço valorativo das conclusões obtidas pelo trabalho realizado. E pegando uma carona na interpretação dada pelo ministro do TST Breno Medeiros "o reexame do procedimento da prova pericial não demanda revolvimento de fatos e provas, mas contempla elemento fático hábil ao reconhecimento da nulidade do laudo pericial".

Desse modo, a análise de riscos ergonômicos não integra os elementos analisados pela perícia médica, sem que tais motivações possam apoiar conclusão de relação de causa e efeito entre as patologias e a relação de trabalho.

Consta no CPC/2015:

> Art. 464. A prova pericial consiste em exame, vistoria ou avaliação.
>
> Art. 473. O laudo pericial deverá conter:
>
> I – a exposição do objeto da perícia;
>
> II – a análise técnica ou científica realizada pelo perito;
>
> III – a indicação do método utilizado, esclarecendo-o e demonstrando ser predominantemente aceito pelos especialistas da área do conhecimento da qual se originou;

Cita-se o excerto do livro Manual de iniciação em perícias médicas, do autor Rubens Cenci Motta, 3ª ed., São Paulo: LTr, 2016, p. 27, *in verbis*:

> *"Por conseguinte, se percebe que o Perito Médico apura os fatos técnicos e, diferentemente do médico assistente da parte, por exemplo do trabalhador se na Justiça Especializada (incluindo aquele que cuida das doenças dessa pessoa, mesmo que não o represente nos autos), do médico do trabalho, do médico do CEREST (Centro de Referência de Saúde do Trabalhador) e médico auditor do Ministério do Trabalho — incluindo os da FUNDACENTRO, NÃO PODE PRESUMIR!*
>
> *Perito médico não presume!*
>
> *O perito, por essência, deve ser imparcial, condição que é incompatível com presunção.*
>
> *Deve só apurar! Deve constatar e anotar se presente o dano!*
>
> *Professor Levin nos alerta: O dano médico legal é Objetivo, pautado no que se vê* — visum et repertum — *e não no que se relata ao perito médico."*

É de capital importância que o auxiliar do Juízo a ser nomeado seja médico com formação ou especialização na área objeto da perícia judicial (NCPC, art. 156).

A razão é muito simples.

Normalmente, o profissional que se dispõe a realizar perícia na Justiça do Trabalho frequenta um breve curso de especialização para ser especializado como Médico do Trabalho. Ocorre que, o curso em si não significa que o profissional estará apto e capaz para realizar a investigação em todas as áreas. Por exemplo: pediatra fazendo perícia de psiquiatria.

Ao que parece, em que pese a tentativa, as dificuldades continuam na Justiça do Trabalho. Tudo indica que a solução passaria pela instituição do quadro de perito na Justiça do Trabalho.

Precedentes sobre o tema:

"DOENÇA OCUPACIONAL – VERIFICAÇÃO POR PERÍCIA QUE NÃO EXAMINA O LOCAL DE TRABALHO – CERCEIO DE DEFESA – TRANSCENDÊNCIA JURÍDICA – VIOLAÇÃO DO ART. 5º, LIV E LV, DA CF – RECURSO PROVIDO. 1. Constitui transcendência jurídica do recurso de revista a novidade da causa nele veiculada, a exigir uniformização e pacificação da jurisprudência pelo TST (CLT, art. 896-A, § 1º, IV). Não tendo este relator se debruçado anteriormente sobre a questão da configuração, ou não, de cerceio de defesa pela não visita do perito ao local de trabalho, limitando-se ao exame clínico do paciente para concluir no sentido da não caracterização de doença ocupacional, quando as dores são lombares e podem ter relação com a ergonomia do trabalho, reconhece-se a transcendência jurídica da causa. 2. No mérito, o fundamento principal do Regional para dispensar a visita ao local de trabalho foi o art. 11 da Resolução n. 1.488/98 do Conselho Federal de Medicina, que contemplaria a facultatividade do exame local. Ora, tal resolução foi revogada pela Resolução n. 2.183/18 do CFM, que, em seu art. 13, dispõe como deveres do perito médico examinar clinicamente o trabalhador, vistoriar o local de trabalho e estabelecer o nexo causal entre patologia e ocupação profissional. E a nova resolução do CFM era a que estava vigente à época da propositura da ação. 3. Assim, laudo pericial sem visita ao local de trabalho, concluindo pela inexistência de nexo causal entre doença e trabalho, incorre em patente cerceio de defesa do Reclamante, com violação direta do art. 5º, LIV e LV, da CF, por patente atropelo dos princípios do devido processo legal e da ampla defesa. 4. Assim, é de se dar provimento ao recurso de revista, para decretar a nulidade do processo a partir da confecção do laudo pericial, determinando-se a nomeação de novo perito e a elaboração de novo laudo pericial, com visita ao local de trabalho, para verificação das condições da prestação laboral pelo Reclamante, com seu acompanhamento, nos termos do art. 13, II, da Resolução n. 2.183/18, ficando prejudicada a questão relativa aos ônus da sucumbência, relativos aos honorários advocatícios e periciais frente à gratuidade de justiça. Recurso de revista provido." (RR-1001983-02.2018.5.02.0391, 4ª Turma, relator Ministro Ives Gandra Martins Filho, DEJT 04.09.2020)

DOENÇA – QUESTÃO DE NATUREZA CIENTÍFICA – PERÍCIA INCOMPLETA – EXAME EM CONSULTÓRIO – CONSTATAÇÃO DE MOLÉSTIAS – CONCLUSÃO PELA AUSÊNCIA DE NEXO CAUSAL SEM A IMPRESCINDÍVEL VERIFICAÇÃO *IN LOCO* DAS CONDIÇÕES DE TRABALHO – DESCUMPRIMENTO DA RESOLUÇÃO 1488/98 DO CFM – NULIDADE EX OFFICIO E DESTITUIÇÃO DO PERITO – Na espécie, embora conste dos autos exames que indicam que a autora é portadora da patologia alegada em sua exordial, qual seja, tendinopatia/tenossinovite, conforme documento de ID. 72b4119, inclusive com sugestão de realização de fisioterapia (ID. 8dee47c), a *expert* nomeada, dispensou a vistoria ambiental e concluiu pela ausência de incapacidade laboral e inexistência de nexo causal entre a moléstia obreira e as atividades exercidas por ela. No entanto, considerando os documentos constantes nos presentes autos, entendo imprescindível a análise *in loco* das condições de labor da autora, sobretudo diante da alegação inicial quanto aos movimentos repetitivos da atividade exercida. Desse modo, os autos deverão retornar ao perito médico, para realização da análise das condições de labor da reclamante durante a vigência de seu contrato de trabalho, haja vista que as atividades exercidas podem ter contribuído para o atual quadro de suas moléstias. Com efeito, ante a pretensão da autora de se reconhecer a relação entre as doenças que o alligem e o labor exercido na reclamada, faz-se necessária a verificação, no local, das condições em que se dava o trabalho, para que se afira com segurança e devido apuro técnico, a existência ou não do nexo causal (ou de concausalidade), com eventual enquadramento em responsabilidade subjetiva ou objetiva para a reparação por danos, nos termos dos arts. 7º, XXVIII da CF/88 e 927 do CC. O laudo pericial se afigura, portanto, manifestamente incompleto, já que a perita nomeada analisou as condições de saúde da autora apenas a partir do exame clínico efetuado, decidindo por deixar de vistoriar o ambiente de trabalho e as condições em que o trabalhou se deu, em violação ao disposto nos arts. 2º e 10, II, da Resolução n. 1.488/98 do CFM. Considerando que as normas que velam pela saúde e segurança do trabalhador são de ordem pública e de hierarquia constitucional (artigos 196 e ss da CF) anulo, de ofício, a sentença recorrida, a fim de que seja reaberta a instrução, para que nova perícia seja realizada, por novo perito a ser indicado na origem. (TRT 02ª R. – ROT 1000610-83.2018.5.02.0051 – Rel. Ricardo Artur Costa e Trigueiros – DJe 22.11.2019 – p. 21.992)

RESPONSABILIDADE CIVIL. DOENÇA OCUPACIONAL. PRESSUPOSTOS. NEXO CAUSAL. INCONSISTÊNCIA. Constitui fato incontroverso que o autor é acometido da patologia denominada varizes dos membros inferiores acarretando perda parcial da funcionalidade orgânica. A prova pericial aponta causas da doença relacionadas à transmissão por hereditariedade e motivada no acidente de automóvel; portanto, as causas da doença estão desvinculadas do risco ocupacional das condições ergonômicas do ambiente do trabalho. A perícia desatende aos parâmetros operacionais de coleta de dados, de sua análise e dos métodos de investigação aplicados, implicando no desmerecimento das conclusões apresentadas. A prova técnica teve por objeto análise da realidade parcial, constituída, na sua exclusividade, de exames médicos apresentados e de entrevista direta do autor, sem que a abordagem dos temas apreciados pelo perito tenha incidência, dentre outras circunstâncias, sobre o estudo do local de trabalho, em desatendimento da metodologia e do procedimento que orienta tal atividade, diretrizes consolidadas na Resolução n. 1.488 do conselho federal de medicina. Tais circunstâncias, por si só, geram desapreço valorativo das conclusões obtidas pelo trabalho realizado. Em suma: a análise de riscos ergonômicos não integra os elementos analisados pela perícia médica, sem que tais motivações possam apoiar conclusão de relação de causa e efeito entre as patologias e a relação de trabalho. Não há o elemento antecedente (o perito médico não fez aferição quanto ao risco ergonômico); logo, o consequente (nexo causal) não se deduz daquele. Tal contexto demonstra a aferição negativa entre a patologia e a prestação de serviços na empresa. Recurso da ré a que se dá provimento, por maioria. (TRT 24ª R.; RO 0000520- 46.2012.5.24.0001; Primeira Turma; red. desig. Des. Fed. João de Deus Gomes de Souza; Julg. 19.02.2014; DEJTMS 24.02.2014; P. 25) Grifamos.

"I – AGRAVO DE INSTRUMENTO. RECURSO DE REVISTA. LEI N. 13.015/2014. PRELIMINAR DE NULIDADE. DOENÇA OCUPACIONAL DE BANCÁRIA. INDEFERIMENTO DO PEDIDO DE REALIZAÇÃO DE PERÍCIA. CERCEAMENTO DE DEFESA. Ante a possível violação ao art. 5º, LV, da Constituição Federal, deve ser provido o agravo de instrumento. Agravo de instrumento conhecido e provido. II – RECURSO DE REVISTA. LEI N. 13.015/2014. PRELIMINAR DE NULIDADE. DOENÇA OCUPACIONAL DE BANCÁRIA. INDEFERIMENTO DO PEDIDO DE REALIZAÇÃO DE PERÍCIA NO LOCAL DE TRABALHO. CERCEAMENTO DE DEFESA. Constata-se que a autora foi submetida à perícia médica, e que o TRT não acolheu as pretensões da empregada ao fundamento de ausência de nexo causal. Constou da decisão Regional que "embora as atividades laborais possam ter contribuído para o quadro de crise dolorosa, referido no laudo pericial não autoriza, por si só, a invalidação da diligência". Verifica-se, ainda, que o pedido de realização de prova técnica no local de trabalho da empregada foi indeferido. Ao contrário do que foi decidido pelo TRT, a avaliação do local de trabalho, bem como das condições ergonômicas em que as funções eram executadas, se faz necessária, especialmente em razão do fundamento do TRT de que não restou caracterizado o nexo causal. Logo, o indeferimento da avaliação do local de trabalho configura cerceamento de defesa. Recurso de revista conhecido e provido." (RR – 296-81.2013.5.15.0112, relatora Ministra: Maria Helena Mallmann, Data de Julgamento: 02.05.2018, 2ª Turma, Data de Publicação: DEJT 18.05.2018)

5.2. Exibição de documentos

Vejamos os dispositivos do CPC e da CLT que tratam da obrigação:

Art. 378. Ninguém se exime do dever de colaborar com o Poder Judiciário para o descobrimento da verdade (NCPC).

Art. 645. O serviço da Justiça do Trabalho é relevante e obrigatório, ninguém dele podendo eximir-se, salvo motivo justificado (CLT).

A busca pela **VERDADE REAL** deve ser a finalidade da Justiça.

Com amparo na dicção e penas previstas (*admissão dos fatos alegados pela parte como verdadeiros*) nos arts. 396 e seguintes do NCPC, a parte deve apresentar ao auxiliar do Juízo os autos, dentre outros, os seguintes documentos:

I – Programa de Prevenção de Riscos Ambientais — PPRA, previstos na NR-9 da Portaria n. 3.214/78 do MTE do local de trabalho;

II – Laudo Técnico de Condições Ambientais do Trabalho — LTCAT, previstos na NR-9 da Portaria n. 3.214/78 do MTE do local de trabalho;

III – Programa de Controle Médico de Saúde Ocupacional — PCMSO, nos termos da NR-7 da Portaria n. 3.214/78, acompanhado dos respectivos relatórios;

IV – Perfil Profissiográfico Previdenciário — PPP;

V – Exames médicos admissional, periódicos e demissional (se for o caso), de que trata o art. 168 da CLT e a NR-7 da Portaria n. 3.214/78;

VI – Cópia do Livro de Registro de Fiscalizações realizadas pelo MTE;

VII – Certificados de treinamento;

VIII – AET — Análise Ergonômica do Trabalho (NR-17 do MTE);

IX – CAT se houver;

X – Prontuário médico;

XI – Relação de afastamentos inferiores a 15 dias relativos aos últimos 5 anos;

XII – Cartão de ponto e recibos de férias do período da contratualidade;

XIII – Atas das CIPAS do período da contratualidade.

O conteúdo dos documentos possui informações importantes, especialmente quanto à prova do estado de saúde do trabalhador no ato da admissão, à evolução dos atendimentos médicos, à exposição aos fatores e agentes de risco de natureza ocupacional, físico, químico etc., bem como à prova de que a atividade do empregador pode causar acidentes típicos e por equiparação.

Os documentos também servirão para que o Juízo possa analisar e observar a necessidade, ou não, da produção da prova da culpa (em suas espécies); da inversão do ônus da prova; do Nexo Técnico Epidemiológico (NTEP), bem assim o encaminhamento da determinação para realização de *perícias judiciais multiprofissionais (fisioterapeuta, médico etc.)* com a vistoria do local de trabalho antes da *anamnese física*.

A faculdade também está prevista na oração dos arts. 475 e 480 do NCPC.

Caso não ocorra a apresentação dos referidos documentos, pode haver o reconhecimento da ilegitimidade da recusa e a aplicação dos efeitos dos fatos como incontroversos, ou seja, o Juízo admitirá como verdadeiros os fatos que o empregado pretendia provar por meio dos documentos solicitados (**CULPA PRESUMIDA**).

No decorrer desses anos temos observado uma certa resistência de algumas empresas, especialmente as de grande porte, apresentarem os referidos documentos.

E mais. Não concordam nem com o procedimento e o resultado do exame de saúde admissional. Ora, quem realizada o exame é o médico da empresa. Logo, ele é o único responsável pela conclusão do exame, sendo que possui a liberdade de solicitar a realização dos exames científicos (p. ex.: ressonância, ultrassom, RX). O ônus é do empregador.

É certo que o exame de saúde admissional serve de marco quanto ao estado de saúde do candidato. Se ele estiver doente, e mesmo assim for admitido para trabalhar, a culpa mais grave é da empregadora.

O que não se pode admitir é a alegação de isenção de responsabilidade quanto a conclusão do exame, na tentativa de debitar parcela de culpa ao candidato, por influência de fatores extra laborais.

Por conta da aplicação da Responsabilidade Civil Objetiva o julgador deve inverter o ônus da prova.

5.3. Solicitação de documentos

Com supedâneo nos dispositivos do NCPC, arts. 378 e 380, II, e da CLT, art. 645, o perito pode solicitar o envio de ofício ao MTE para que faça a remessa dos seguintes documentos:

a) autos de infração dos últimos 5 anos;

b) GFIP (número de afastamentos da empresa).

De igual forma o envio de ofício ao INSS/SUS para que faça a remessa dos seguintes documentos:

a) FAP — Fator Acidentário de Prevenção referente à empresa;

b) Códigos de afastamento referentes aos benefícios previdenciários concedidos;

c) Laudos periciais produzidos;

d) CATs expedidas nos últimos cinco anos;

e) Cópia integral do procedimento administrativo de concessão de benefício previdenciário.

Capítulo VI

Responsabilidade do Empregador no Cumprimento das Normas de Higiene, Segurança e a Saúde do Trabalhador (Medicina do Trabalho)

Não se poderia deixar de abordar a responsabilidade do empregador com a segurança e saúde do trabalhador.

Assim é que a elevação dos direitos sociais em nível constitucional, traduzido pelas garantias individuais, com o respeito à dignidade da pessoa humana representa o ícone maior para que o sistema infraconstitucional crie normas não apenas visando à proteção jurídica, mas também contribuindo na busca de soluções justas para o conflito entre o capital e o trabalho.

Há muito o investimento em prevenção é um alto negócio, cujo benefício não aparece a curto prazo, contudo rende dividendo em pouco tempo.

Tanto o empregador como o empregado devem se preocupar em conhecer o conteúdo da legislação. A busca por esse conhecimento torna a relação mais segura.

O fato de entender melhor a obrigação e o dever faz com que as partes atuem de forma clara e objetiva.

A fiscalização da observância das normas atinentes à segurança e medicina do trabalho é do Ministério do Trabalho e Emprego, por intermédio das Delegacias Regionais (art. 156 da CLT[(5)]).

---

(5) Art. 156. Compete especialmente às Delegacias Regionais do Trabalho, nos limites de sua jurisdição:

I – promover a fiscalização do cumprimento das normas de segurança e medicina do trabalho;

II – adotar as medidas que se tornem exigíveis, em virtude das disposições deste Capítulo, determinando as obras e reparos que, em qualquer local de trabalho, se façam necessárias;

III – impor as penalidades cabíveis por descumprimento das normas constantes deste Capítulo, nos termos do art. 201.

As empresas, por sua vez, devem zelar pelo respeito às normas de segurança e medicina do trabalho, instruindo e adotando medidas para o seu fiel cumprimento (art. 157 da CLT[(6)]).

A Constituição Federal também contempla dispositivos assecuratórios da proteção ao trabalhador, especialmente nos art. 7º, inciso XXII[(7)]; art. 196[(8)]; art. 200[(9)]; art. 225[(10)].

De igual modo a Organização Internacional do Trabalho, pelas Convenções ns. 155 e 161 que tratam da saúde, segurança e do meio ambiente de trabalho.

O órgão previdenciário (INSS) também oferece sua contribuição com a legislação previdenciária (leis, decretos, instruções, ordem de serviço, portarias etc.).

Não muito distante, o Ministério do Trabalho e Emprego (MTE) regulamenta os dispositivos celetistas acerca da segurança e medicina do trabalho, isto é, edita as Normas Regulamentadoras de Segurança e Medicina do Trabalho (as conhecidas NR).

---

(6) Art. 157. Cabe às empresas:

I – cumprir e fazer cumprir as normas de segurança e medicina do trabalho;

II – instruir os empregados, através de ordens de serviço, quanto às precauções a tomar no sentido de evitar acidentes do trabalho ou doenças ocupacionais;

III – adotar as medidas que lhes sejam determinadas pelo órgão regional competente;

IV – facilitar o exercício da fiscalização pela autoridade competente.

(7) Art. 7º São direitos dos trabalhadores urbanos e rurais, além de outros que visem à melhoria de sua condição social: XXII – redução dos riscos inerentes ao trabalho, por meio de normas de saúde, higiene e segurança;

(8) Art. 196. A saúde é direito de todos e dever do Estado, garantido mediante políticas sociais e econômicas que visem à redução do risco de doença e de outros agravos e ao acesso universal e igualitário às ações e serviços para sua promoção, proteção e recuperação.

(9) Art. 200. Ao sistema único de saúde compete, além de outras atribuições, nos termos da lei:

I – controlar e fiscalizar procedimentos, produtos e substâncias de interesse para a saúde e participar da produção de medicamentos, equipamentos, imunobiológicos, hemoderivados e outros insumos;

II – executar as ações de vigilância sanitária e epidemiológica, bem como as de saúde do trabalhador;

III – ordenar a formação de recursos humanos na área de saúde;

IV – participar da formulação da política e da execução das ações de saneamento básico;

V – incrementar em sua área de atuação o desenvolvimento científico e tecnológico;

VI – fiscalizar e inspecionar alimentos, compreendido o controle de seu teor nutricional, bem como bebidas e águas para consumo humano;

VII – participar do controle e fiscalização da produção, transporte, guarda e utilização de substâncias e produtos psicoativos, tóxicos e radioativos.

VIII – colaborar na proteção do meio ambiente, nele compreendido o do trabalho.

(10) Art. 225. Todos têm direito ao meio ambiente ecologicamente equilibrado, bem de uso comum do povo e essencial à sadia qualidade de vida, impondo-se ao Poder Público e à coletividade o dever de defendê-lo e preservá-lo para as presentes e futuras gerações.

Para o saudoso Valentin Carrion, expoente do direito social, citando Cesarino Júnior, "*A medicina do trabalho compreende o estudo das formas de proteção à saúde do trabalhador enquanto no exercício do trabalho, indicando medidas preventivas (higiene do trabalho) e remediando os efeitos através da medicina do trabalho propriamente dita*"[(11)].

Por corolário, é de se verificar que a normatização que protege o trabalhador em sua segurança, higiene e saúde não se encontra inserida em um único diploma legal, mas em diversos textos e regulamentos, o que dificulta sobremaneira a pesquisa científica do auxiliar do juízo.

6.1. O estado de saúde do empregado quando da admissão (arts. 168-169 da CLT)

O exame de saúde admissional (ASO) é marco inicial para a constatação do estado de saúde do empregado no ato de admissão (não se poderá alegar a preexistência de doenças). O risco pelo resultado do exame é totalmente da empresa-ré.

Como informação adicional é salutar lembrar, segundo as orientações legislativa e doutrinária, que o exame médico admissional deverá ser realizado antes da contratação do colaborador, visando avaliar suas aptidões físicas e mentais, de maneira a verificar se ele está apto para a funçao desejada e se o exercício da função pretendida não trará agravos à saúde do interessado.

O exame consiste no preenchimento de questionário apropriado pelo candidato, seguido da anamnese clínica-ocupacional e realização de exame de aptidão física e mental. Caso haja necessidade, exames complementares serão solicitados, em função dos riscos ocupacionais específicos aos quais o trabalhador está exposto.

O objetivo do ASO admissional é verificar se o exercício da função pretendida não trará agravos à saúde do futuro empregado, sendo que os exames complementares servem para investigar as condições do estado de saúde em função dos riscos ocupacionais específicos aos quais o trabalhador está exposto.

Há também o exame periódico e demissional. Trata-se de poderosa ferramenta para os que investigam a exposição aos fatores e agentes de risco na atividade laboral e na função exercida pelo trabalhador.

6.2. O cumprimento e comprovação das obrigações legais

A CLT trata da Segurança e da Medicina do Trabalho no Capítulo compreendido entre os arts. 154 até 200.

---

(11) CARRION, Valentin. *Comentários à Consolidação das Leis do Trabalho*. 33. ed. São Paulo: Saraiva, 2008. p. 159.

Assim, cabe aos empregadores:

Art. 157. Cumprir e fazer cumprir as normas de segurança e medicina do trabalho; instruir os empregados, através de ordem se serviço, quanto às precauções a tomar no sentido de evitar acidentes do trabalho ou doenças ocupacionais; adotar as medidas que lhes sejam determinadas pelo órgão regional competente; facilitar o exercício da fiscalização pela autoridade competente — CLT.

E aos empregados:

Art. 158. Cabe aos empregados: observar as normas de segurança e medicina do trabalho, inclusive as instruções de que trata o item II do artigo anterior; colaborar com a empresa na aplicação dos dispositivos deste Capítulo.

Parágrafo único. Constitui ato faltoso do empregado a recusa injustificada:

a) à observância das instruções expedidas pelo empregador na forma do item II do artigo anterior;

b) ao uso dos equipamentos de proteção individual fornecidos pela empresa.

A Constituição da República também aponta a responsabilidade patronal quando deduz: *"Redução dos riscos inerentes ao trabalho, por meio de normas de saúde, higiene e segurança"* (art. 7º, inciso XXII).

O empregador deve comprovar, efetivamente, por intermédio de prova documental, que adota o uso de medidas coletivas e individuais de proteção e segurança da saúde do trabalhador, de acordo com a oração do § 1º do art. 19 da Lei n. 8.213/91 (Previdência Social) [(12)].

Igualmente que há prestação de informações pormenorizadas sobre o risco da operação a executar e do material a manipular, nos termos do contido no § 3º do art. 19 da Lei n. 8.213/91[(13)].

O empregador possui como obrigação decorrente de lei a elaboração e o cumprimento dos programas de prevenção à segurança e à medicina do trabalho:

- LTCAT — Laudo Técnico das Condições Ambientais de Trabalho;
- PCA — Programa de Conservação Auditiva;

---

(12) Art. 19. Acidente do trabalho é o que ocorre pelo exercício do trabalho a serviço da empresa ou pelo exercício do trabalho dos segurados referidos no inciso VII do art. 11 desta Lei, provocando lesão corporal ou perturbação funcional que cause a morte ou a perda ou redução, permanente ou temporária, da capacidade para o trabalho.

§ 1º A empresa é responsável pela adoção e uso das medidas coletivas e individuais de proteção e segurança da saúde do trabalhador.

(13) 3º É dever da empresa prestar informações pormenorizadas sobre os riscos da operação a executar e do produto a manipular.

- PPR — Programa de Proteção Respiratória;
- PPRA — Programa de Prevenção dos Riscos Ambientais;
- PCMSO — Programa de Controle Médico de Saúde Ocupacional;
- SESMT; PCMAT; e análise ergonômica, conforme consta na CLT[(14)].

Também, a elaboração de ordens de serviço sobre segurança e saúde no trabalho dando ciência ao empregado por meio de cartazes ou meios eletrônicos (1.7 da NR-01 do MTE) e nas demais Normas Regulamentadoras, dentre elas a NR-17 que trata da ergonomia, do Ministério do Emprego e do Trabalho.

O auxiliar do Juízo, seja ele Médico ou Fisioterapeuta, deve observar e solicitar quando da vistoria ao local de trabalho a prova do cumprimento das obrigações legais. No entanto, não basta apenas fazer citação no Laudo Pericial, mas, sim, trazer como anexo para que as partes tenham acesso e possam exercer o direito constitucional do contraditório.

Todos os documentos devem ser copiados e anexados ao Laudo Judicial. Até porque, o que se comprova por meio da prova documental, salvo melhor juízo, não pode ser realizado por intermédio de prova testemunhal. Por exemplo: Ficha de Entrega de EPI — NR-6 da Portaria n. 3.214/78.

Isso também significa dizer que o Juízo não pode proceder à inversão do ônus da prova em prejuízo da parte mais fraca.

A prova do fornecimento, do uso e da fiscalização é do empregador, e não do empregado.

6.3. Questões reflexivas

De há muito temos percebido que alguns empregadores têm alegado que não possuem culpa acerca das doenças que acometem os seus colaboradores. Para tanto, utilizam-se de motivações outras, especialmente de que cumprem com as normas legais.

Ao que parece, para eles, inexiste fundamento para o surgimento, desenvolvimento ou agravamento de qualquer doença decorrentes das atividades por eles explorada, bem assim nas funções exercidas por seus funcionários.

Tudo não passa de fantasia dos que adquiriram patologias que podem gerar a incapacidade parcial ou total e temporária ou definitiva.

(14) Art. 162. As empresas, de acordo com normas a serem expedidas pelo Ministério do Trabalho, estarão obrigadas a manter serviços especializados em segurança e em medicina do trabalho.

Na verdade a responsabilidade pela garantia da saúde e segurança no trabalho será sempre da empregadora. Quem deve cuidar do bem-estar dos funcionários é a empresa. Quem explora a atividade econômica e recebe os benefícios econômicos e financeiros também deve suportar o ônus decorrente dos reflexos causados pelo dano à saúde e higidez física dos empregados.

De sorte que, de nada adianta ficar acusando o funcionário ou mesmo utilizando-se de axiomas e silogismos que não servem para a resolução da questão.

Nem sempre ou quase sempre o trabalhador não possui condições de realizar os exames médicos. Ou seja, fica na dependência de liberação e disponibilidade de tempo para fazê-lo.

Assim, torna-se muito cômoda a situação de quem está no comando. Todavia, sabe-se que não é fácil para alguém produzir prova contra si.

Com efeito, à luz da literatura científica, da legislação, da jurisprudência e da doutrina o único culpado pelo adoecimento do trabalhador é o empregador, salvo se demonstrado e comprovado por prova válida/lícita, que o trabalhador colaborou/agiu voluntariamente de forma negligente ou imprudente para a ocorrência do infortúnio (culpa exclusiva ou concorrente).

Isso porque, é de inteira responsabilidade do tomador dos serviços a fiscalização das funções desempenhada em sua atividade econômica.

Em suma, a CNAE (Classificação Nacional de Atividade Econômica) juntamente com o NTEP (Nexo Técnico Epidemiológico), aliado a CIF (Classificação Internacional de Funcionalidade, Incapacidade e Saúde) e a CID (Classificação Internacional de Doenças), são instrumentos/ferramentas norteadoras para que se avalie a existência de dano e a sua relação com a função executada pelo trabalhador.

6.4. Convenção n. 161 da Organização Internacional do Trabalho (OIT)

Veja-se o teor do art. 1º da Convenção n. 161 da OIT:

SERVIÇOS DE SAÚDE NO TRABALHO

A Conferência Geral da Organização Internacional do Trabalho convocada em Genebra pelo Conselho de Administração do Departamento Internacional do Trabalho, e congregada na citada cidade no dia 7 de junho de 1985 em sua septuagésima primeira reunião tendo em conta que a proteção dos trabalhadores contra as doenças, sejam ou não profissionais, e contra os acidentes do trabalho constitui uma das tarefas designadas à Organização Internacional do Trabalho por sua Constituição;

Recordando os convênios e recomendações internacionais do trabalho sobre a matéria, e em especial a Recomendação sobre a proteção da saúde dos trabalhadores, 1953; a Recomendação sobre os serviços de medicina do trabalho, 1959; o Convênio sobre os representantes dos trabalhadores, 1971, e o Convênio e a Recomendação sobre segurança e saúde dos trabalhadores, 1981, que estabelecem os princípios de uma política nacional e de uma ação a nível nacional;

Depois de ter decidido adotar diversas propostas relativas aos serviços de saúde no trabalho, questão que constitui o quarto ponto da ordem do dia da reunião, e depois de ter decidido que tais propostas revisam a forma de um convênio internacional, adota, com data de vinte e seis de junho de mil novecentos e oitenta e cinco, o presente Convênio, que poderá ser citado como o Convênio sobre os serviços de saúde no trabalho, 1985:

Parte I. Princípios de Uma Política Nacional

Artigo 1

Para os efeitos do presente Convênio:

a) a expressão serviços de saúde no trabalho designa uns serviços investidos de funções essencialmente preventivas e encarregados de assessorar o empregador, os trabalhadores e a seus representantes na empresa sobre:

i) os requisitos necessários para estabelecer e conservar um meio ambiente de trabalho seguro e sadio que favoreça uma saúde física e mental ótima em relação com o trabalho;

ii) a adaptação do trabalho às capacidades dos trabalhadores, tendo em conta seu estado de saúde física e mental;

iii) a expressão representantes dos trabalhadores na empresa designa as pessoas reconhecidas como tais em virtude da legislação ou da prática nacionais.

Capítulo VII

Equipamento de Proteção Individual

Normas Regulamentadoras do Ministério do Trabalho e Emprego

7.1. O Equipamento de Proteção Individual (EPI) — arts. 166-167 da CLT

O empregador tem a obrigação de fornecer todos os Equipamentos Individuais de Proteção — NR-06 do MTE e acessórios ergonômicos necessários para o desempenho das atividades, sendo que devem ter padrões e tamanhos adequados aos funcionários, e ser adaptados às características individuais e coletivas, isto é, um ambiente de trabalho ergonomicamente correto e eficiente (NRs 06 e 17, do MTE).

7.2. Normas Regulamentadoras do Ministério do Trabalho — Secretaria do Ministério do Trabalho e Emprego — exemplos

Depreende-se das Normas Regulamentadoras do Ministério do Trabalho e Emprego(15) o procedimento que deve ser adotado pelo empregador, cujo escopo é a proteção e a segurança do empregado, bem como evitar acidentes no local de trabalho.

A Norma Regulamentadora de n. 01 (Disposições Gerais) do Ministério do Trabalho e Emprego estabelece o campo de aplicação de todas as Normas Regulamentadoras de segurança e medicina do trabalho urbano, bem como o direito e obrigações do governo, dos empregadores e dos trabalhadores no tocante a este tema específico, tendo sua existência jurídica assegurada em nível de legislação ordinária, por meio dos arts. 154 a 159 da CLT.

A Norma Regulamentadora de n. 04 (Serviços Especializados em Engenharia de Segurança e em Medicina do Trabalho) do Ministério do Trabalho e Emprego estabelece a obrigatoriedade das empresas públicas e privadas que possuam empregados regidos pela CLT de organizarem e manterem em funcionamento Serviços

(15) *Segurança e Medicina do Trabalho*. 3. ed. São Paulo: Saraiva, 2009.

Especializados em Engenharia de Segurança e em Medicina do Trabalho — SESMT, com a finalidade de promover a saúde e proteger a integridade do trabalhador, no local de trabalho, tendo sua existência jurídica assegurada em nível de legislação ordinária, por meio do art. 162 da CLT.

A Norma Regulamentadora de n. 06 (Equipamento de Proteção Individual) do Ministério do Trabalho e Emprego define a forma de proteção, requisitos de comercialização e responsabilidade do empregador, tendo sua existência jurídica assegurada em nível de legislação ordinária, mediante os arts. 166 e 167 da CLT.

A Norma Regulamentadora de n. 07 (Disposições Gerais) do Ministério do Trabalho e Emprego estabelece a obrigatoriedade de elaboração e implantação do PCMSO, por parte de todos os empregadores e instituições, com o objetivo de monitorar, individualmente, aqueles trabalhadores expostos aos agentes químicos, físicos e biológicos definidos pela NR-09 (PPRA), tendo sua existência jurídica assegurada em nível de legislação ordinária, por meio dos arts. 168 e 169 da CLT.

Já a Norma Regulamentadora de n. 12 (máquinas e equipamentos) do Ministério do Trabalho e Emprego estabelece as medidas prevencionais de segurança e higiene do trabalho a serem adotadas na instalação, operação e manutenção de máquinas e equipamentos, visando à prevenção de acidente do trabalho, tendo sua existência jurídica assegurada em nível de legislação ordinária, por intermédio dos arts. 184 a 186 da CLT.

A Norma Regulamentadora de n. 15 (Atividades e Operações Insalubres) do Ministério do Trabalho e Emprego define em seus anexos os agentes insalubres, limites de tolerância e os critérios técnicos e legais para avaliar e caracterizar as atividades e operações insalubres, tendo sua existência jurídica assegurada em nível de legislação ordinária, por meio dos arts. 189 e 192 da CLT.

Consta na Norma Regulamentadora n. 17 (Ergonomia) do Ministério do Trabalho e Emprego, que trata do tema riscos ergonômicos, orientação acerca das condições de trabalho às características físicas e limitações individuais do ser humano, estabelecendo parâmetros que permitam a adaptação das condições de trabalho às condições psicofisiológicas dos trabalhadores, de modo a proporcionar um máximo de conforto, segurança e desempenho eficiente (acessórios ergonômicos), tendo sua existência jurídica assegurada em nível de legislação ordinária, por meio dos arts. 198 e 199 da CLT.

A Portaria do antigo MTE n. 555, de 18 de abril de 2013, institui a NR-36 que trata da SEGURANÇA E SAÚDE NO TRABALHO EM EMPRESAS DE ABATE E PROCESSAMENTO DE CARNES E DERIVADOS. O objetivo dessa Norma é estabelecer os requisitos mínimos para a avaliação, o controle e o monitoramento dos riscos existentes nas atividades desenvolvidas na indústria de abate e processamento de carnes e derivados destinados ao consumo humano, de forma a garantir permanentemente a segurança, a saúde e a qualidade de vida no trabalho, sem prejuízo da observância do disposto nas demais Normas Regulamentadoras — NR do Ministério do Trabalho e Emprego.

Essas Normas Regulamentadoras editadas pelo Ministério do Trabalho e Emprego, em que pesem terem sido normatizadas pelo órgão governamental por meio de Portaria, e não pelo Poder Legislativo, possuem força de Lei, uma vez que regulamentam dispositivos da CF/88 e da própria CLT. Logo, com força normativa e vinculante.

O profissional que irá executar a tarefa de Auxiliar do Juiz deverá observar o disposto nas referidas Normas Regulamentadoras com a finalidade de não só aquilatar o nexo de causalidade como também poder determinar o grau de culpa contra a legalidade, além da extensão do dano e o seu tempo de duração.

Capítulo VIII

Oportunidade para Determinação da Perícia

Na ação indenizatória (por exemplo) em razão da doença ocupacional (equiparada a acidente de trabalho), normalmente o autor apresenta a prova documental e protesta pela realização de perícia. O réu, por sua vez, também requer a produção de prova pericial.

No decorrer do processo, alguns juízes preferem realizar a audiência de instrução, para, somente após, determinar ou não a prova técnica. Outros, diante da prova documental (fato incontroverso), determinam a realização da prova técnica antes de realizar a instrução[16].

O procedimento está ligado diretamente aos elementos de convicção, em juízo de probabilidade constante nos autos.

O juiz é o único responsável pelo encaminhamento da instrução probatória, sendo que deverá determinar a realização da prova técnica, assim que estiver convicto da veracidade dos fatos que a determinam.

A prova documental que acompanha a inicial e a defesa servem de norte ao julgador, independentemente da oitiva das partes e testemunhas.

A inversão do ônus da prova tem servido como norte em questões desse naipe, uma vez que a existência da doença pode ser fato incontroverso diante da espécie de culpa a ser aplicada pelo Juízo (objetiva ou subjetiva).

8.1. O responsável pela perícia

Ao determinar a realização da prova técnica (vistoria; exame), o juízo deve certificar se o profissional é habilitado na área objeto da perícia e se está devidamente registrado no órgão de classe.

A questão de a perícia ser realizada por fisioterapeuta ainda é polêmica. Alguns julgadores não aceitam perícia realizada por fisioterapeuta. O argumento é que, por não serem médicos, não podem ofertar diagnóstico. Todavia, embora

(16) MANHABUSCO, José Carlos; CAMARGO, Amanda. *A inversão da prova no processo do trabalho — Teoria da distribuição dinâmica do ônus da prova*. São Paulo: LTr, 2013.

o fisioterapeuta não possa efetuar o diagnóstico da doença, é capaz e dotado de conhecimento para avaliar o nexo de causalidade entre a doença e a atividade laboral desempenhada pelo periciando e o seu grau de incapacidade (análise dos fatores e agentes de risco no ambiente de trabalho).

A questão já fora submetida a parecer do CREFITO-9ª Região de Mato Grosso, sendo que, por meio do Parecer n. 082/01, de 23 de fevereiro de 2001, o presidente informou que o profissional Fisioterapeuta possui competência acadêmico-científica e detém habilidades para emitir laudos, pareceres e atestados.

A lei do ato médico ratificou a concernente atribuição do fisioterapeuta.

O exercício da perícia por médico do trabalho e/ou assistência técnica por médico do trabalho dos empregados da empresa é vedada, pois, se trata de qualidade de preposto do empregador encontrando enquadramento jurídico no art. 120 do Código de Ética Médica.

Alguns Tribunais e o TST já reconhecem o trabalho realizado pelo fisioterapeuta.

Além do mais, o auxiliar do Juízo não deve, a fim de formar a sua conclusão, se prender apenas e tão somente a informações verbais passadas pela parte, sem que proceda a comprovação por intermédio do método científico de investigação e avaliação; e da estatística para ocorrência de casos semelhantes na atividade e função exercida, com dados apurados na pesquisa de campo (não pode prender-se apenas nas informações colhidas no local da realização da anamnese).

Por ex.: verificar o local de trabalho, como funciona a biomecânica da função, qual o tipo de moradia, a alimentação, o convívio com a família, a necessidade do emprego, dados sociais e culturais, nível de escolaridade etc.).

A condição social, econômica, cultural devem ser levadas em consideração, visto que nem todos tiveram a oportunidade de se formar em medicina, bem como receber salários substanciais e muito acima do salário mínimo.

— NÃO PODEMOS SEGUIR O EXEMPLO DOS TRIGRES ASIÁTICOS.

— QUEM ATUA NA JUSTIÇA SOCIAL DEVE SEGUIR OS PRINCÍPIOS DO DIREITO E PROCESSUAL DO TRABALHO E OS CONTIDOS NA CONSTITUIÇÃO FEDERAL, ACIMA DE TUDO.

— TENTAR DEBITAR PARCELA DE RESPONSABILIDADE A QUEM NÃO POSSUI O MÍNIMO DE CONDIÇÕES DE SANEAMENTO BÁSICO, ÁGUA POTÁVEL, ASFALTO ETC., É FECHAR OS OLHOS PARA REALIDADE DO BRASIL E FAVORECER A EXPLORAÇÃO DA MÃO DE OBRA BARATA E A QUEM NÃO POSSUI QUALQUER OUTRA OPÇÃO DE TRABALHO OU VIDA.

— OS REQUISITOS NECESSÁRIOS PARA ESTABELECER E CONSERVAR UM MEIO AMBIENTE DE TRABALHO SEGURO E SADIO QUE FAVOREÇA UMA SAÚDE FÍSICA E MENTAL ÓTIMA EM RELAÇÃO COM O TRABALHO DEVE SER BUSCADO.

— A ADAPTAÇÃO DO TRABALHO ÀS CAPACIDADES DOS TRABALHADORES, TENDO EM CONTA SEU ESTADO DE SAÚDE FÍSICA E MENTAL DEVE SER OBSERVADA E PRESERVADA.

Do conteúdo do material extraído dos Cadernos de Saúde Pública (Print version) ISSN 0102-311X – Cad. Saúde Pública – vol. 31, n. 1 – Rio de Janeiro – Jan. 2015, disponível em: <http://dx.doi.org/10.1590/0102-311X00087213>. Acesso em: 18 fev. 2015, podemos extrair os seguintes dados:

> (...)
>
> A incapacidade para o trabalho tem sido associada a diversos fatores psicossociais como a elevada demanda de trabalho físico, tensão psicológica, violência e angústia, recursos inadequados para o desenvolvimento do trabalho e a percepção de baixa qualidade de saúde física e psicológica, longa jornada de trabalho e trabalho em turnos com comprometimento do ciclo circadiano e baixo nível educacional. Esses fatores de risco associados ao estresse e outros transtornos mentais como depressão e ansiedade contribuem sobremaneira para a deterioração da funcionalidade física e mental.
>
> Em relação às elevadas incidências de *lesões* e de *doenças osteomusculares* identificadas nesses ramos de atividades, é possível que fatores como a alta velocidade das linhas de produção de carne e frango e seus subprodutos, o manuseio de ferramentas afiadas, o esforço físico elevado, combinado com movimentos repetitivos e longas jornadas contribuam diretamente para a ocorrência delas.
>
> A automação e a mecanização em frigoríficos são restritas, em sua maioria, destinadas apenas ao levantamento e movimentação de animais abatidos, mas o corte e procedimentos de separação das partes permanecem como um trabalho físico braçal, com grande sobrecarga muscular, sobretudo dos membros superiores e da região escapular do trabalhador.
>
> Todo o manuseio de produtos perecíveis, em especial em carne e pescado, obriga os trabalhadores a permanente corrida contra o relógio, visando diminuir o risco de deterioração e contaminação do

produto, o que, associado a fatores como ambientes com inadequados níveis de iluminação, ruído e temperatura, frequente manipulação de instrumentos cortantes (faca, motosserra) e a exigência de intensa concentração durante a atividade pode influenciar, em grande escala, o quadro de saúde e segurança dos trabalhadores, e consequentemente, as taxas de incapacidade para o trabalho.

Que o trabalhador tenha controle sobre seu modo de trabalhar, podendo tornar o trabalho extremamente estressante, o que contribui para o aumento do risco de agravos físicos e mentais no trabalhador, especialmente para a ocorrência de lesões e doenças do sistema osteomuscular e do tecido conjuntivo identificadas neste estudo.

A elevada representatividade das Lesões, doenças do sistema osteomuscular e do tecido conjuntivo e transtornos mentais e comportamentais, assim como a maior prevalência de lesões entre os homens e de doenças osteomusculares e de mentais entre as mulheres, encontradas neste estudo, são corroborados tanto pela literatura nacional quanto internacional.

Tanto os transtornos mentais quanto as doenças osteomusculares apresentam em sua maioria etiologia multifatorial, envolvendo características de natureza genética e psicossocial, além de fatores biomecânicos e podem agir como agentes sinérgicos no desenvolvimento/agravamento dessas enfermidades.

No ramo de atividade carne e pescado, dentre os fatores biomecânicos sabidamente presentes no processo de trabalho e associados ao desenvolvimento de distúrbios osteomusculares, destacam-se a alta repetitividade, elevação das mãos associada a peso e força, ausência ou limitação de pausas, alta demanda psicológica, baixo apoio social, movimentos de flexão/extensão, e de pronosupinação, assim como manuseio de ferramentas vibratórias.

(...)

Vejamos alguns julgados sobre o tema:

"AGRAVO INTERNO EM AGRAVO DE INSTRUMENTO EM RECURSO DE REVISTA. ACIDENTE DE TRABALHO. LAUDO PERICIAL ELABORADO POR FISIOTERAPEUTA. VALIDADE. Não havendo qualquer comprovação acerca da existência de limitação técnica atribuída ao fisioterapeuta que realizou a perícia, não há de se considerar a possibilidade de nulidade da prova produzida. Ademais, nenhum dos dispositivos legais e jurisprudenciais invocados nas razões recursais veda a elaboração de laudo pericial por fisioterapeuta. Precedentes. ACIDENTE DE TRABALHO. NEXO CONCAUSAL. ESTABILIDADE. INDENIZAÇÃO

POR DANO MORAL. A decisão proferida pela Turma regional, após exame da prova pericial, concluiu pela ocorrência de nexo concausal entre a atividade profissional e a doença adquirida pelo reclamante, bem como pela culpa da empresa pelos danos causados. Nesse contexto, a possibilidade de reforma da decisão, que reconheceu a estabilidade provisória e condenou a reclamada ao pagamento de indenização por danos morais, somente é possível por meio de novo exame de fatos e provas, procedimento vedado na atual fase recursal. Aplicação da Súmula n. 126 do TST. Agravo conhecido e não provido." (Ag-AIRR-1362-84.2014.5.06.0121, 1ª Turma, relator Ministro Luiz Jose Dezena da Silva, DEJT 11.09.2020)

"I – AGRAVO DE INSTRUMENTO DA RECLAMADA. RECURSO DE REVISTA INTERPOSTO NA VIGÊNCIA DA LEI N. 13.015/2014. DANOS MORAIS. DOENÇA OCUPACIONAL. NEXO CONCAUSAL. PERÍCIA TÉCNICA REALIZADA POR FISIOTERAPEUTA. VALIDADE. Hipótese em que o Tribunal Regional manteve a sentença que julgou válida a perícia judicial realizada por fisioterapeuta. Assentou que o laudo apresentado foi completo e robusto, com análise minuciosa das provas documentais dos autos e apresentação de ampla fundamentação para embasar a conclusão. A jurisprudência desta Corte firmou-se no sentido de que não há óbice legal à elaboração de laudo por fisioterapeuta visando atestar doença ocupacional. Precedentes. Óbice da Súmula n. 333/TST. Agravo de instrumento a que se nega provimento. II – AGRAVO DE INSTRUMENTO DA RECLAMANTE. DANOS MATERIAIS. LAUDO PERICIAL. INCAPACIDADE TEMPORÁRIA. INDENIZAÇÃO DEVIDA. Ante a possível violação ao art. 950 do Código Civil, dá-se provimento ao agravo de instrumento para determinar o processamento do recurso de revista. Agravo de instrumento provido. III – RECURSO DE REVISTA DA RECLAMANTE. INTERPOSTO NA VIGÊNCIA DA LEI N. 13.015/2014. DANOS MORAIS. DISFUNÇÃO TEMPORÁRIA NOS OMBROS E PUNHOS *QUANTUM* INDENIZATÓRIO. A jurisprudência desta Corte Superior, no tocante ao quantum indenizatório fixado pelas instâncias ordinárias, vem consolidando orientação de que a revisão do valor da indenização somente é possível quando exorbitante ou insignificante a importância arbitrada a título de reparação de dano moral, em flagrante violação dos princípios da razoabilidade e proporcionalidade. No caso dos autos, o laudo pericial atestou que a reclamante apresentou incapacidade funcional temporária de 10% para o punho direito e de 20% para o ombro direito, não havendo diminuição significativa da capacidade funcional. Desse modo, o valor arbitrado de R$ 4.800,00 (quatro mil e oitocentos reais) a título de danos morais se mostra compatível com os princípios da proporcionalidade e da razoabilidade, tendo em vista a gravidade do dano sofrido pela vítima, o caráter punitivo e pedagógico da pena, além da capacidade econômica das partes. Recurso de revista não conhecido. DANOS MATERIAIS. LAUDO PERICIAL. INCAPACIDADE TEMPORÁRIA. INDENIZAÇÃO DEVIDA. O art. 950 do Código Civil dispõe que, "se da ofensa resultar defeito pelo qual o ofendido não possa exercer o seu ofício ou profissão, ou se lhe diminua a capacidade de trabalho, a indenização, além das despesas do tratamento e lucros cessantes até ao fim da convalescença, incluirá pensão correspondente à importância do trabalho para que se inabilitou, ou à depreciação que ele sofreu". Extrai-se do referido artigo duas situações ensejadoras de pensionamento: 1) se o ofendido não puder exercer o seu ofício ou profissão, fará jus à pensão correspondente à importância do trabalho para o qual se inabilitou; e 2) se o ofendido sofreu diminuição da sua capacidade para o trabalho, fará jus à pensão correspondente à depreciação sofrida. No caso dos autos, o laudo pericial atestou a ausência de incapacidade permanente, sendo que o reclamante apresentou incapacidade funcional temporária de 10% para o punho direito e de 20% para o ombro direito. Contudo, ainda que a incapacidade não seja permanente, é devida a indenização pela incapacidade funcional temporária até o final da convalescença, nos termos do art. 950 do CC. Precedentes. Recurso de revista conhecido e provido." (RRAg-1765-30.2014.5.11.0019, 2ª Turma, relatora Ministra Maria Helena Mallmann, DEJT 07.08.2020)

"AGRAVO. AGRAVO DE INSTRUMENTO EM RECURSO DE REVISTA. ACÓRDÃO PUBLICADO NA VIGÊNCIA DA LEI N. 13.015/2014. NEGATIVA DE PRESTAÇÃO JURISDICIONAL. DESCUMPRIMENTO DA EXIGÊNCIA CONTIDA NO ART. 896, § 1º-A, DA CLT. A SBDI-1 desta Corte, interpretando o alcance da previsão contida no art. 896, § 1º-A, da CLT, incluído pela Lei n. 13.015/2014, firmou jurisprudência no sentido de ser indispensável que a parte, ao suscitar, em recurso de revista, a nulidade da decisão recorrida, por negativa de prestação jurisdicional, evidencie, por intermédio da transcrição do trecho do acórdão principal, da peça de embargos de declaração e do acórdão respectivo, a recusa do Tribunal Regional em apreciar a questão objeto da insurgência. Descumprida tal exigência, inviável se torna o prosseguimento do recurso. Agravo não provido. PRELIMINAR DE NULIDADE DA PERÍCIA. LAUDO FEITO POR FISIOTERAPEUTA. O TST tem se posicionado no sentido de que, para se aferir eventual culpa do empregador na moléstia ocupacional adquirida pelo empregado, não há exigência legal de que o laudo pericial seja realizado por médico para sua validade, podendo ser elaborado por fisioterapeuta devidamente inscrito no conselho profissional. Precedentes. Assim, o entendimento do Tribunal Regional encontra-se em perfeita sintonia com jurisprudência pacífica desta Corte, razão pela qual o apelo não merece prosseguimento, por óbice da Súmula n. 333 do TST. Agravo não provido. INDENIZAÇÃO POR DANOS MORAIS. ESTABILIDADE PROVISÓRIA. INDICAÇÃO DO TRECHO DA DECISÃO RECORRIDA QUE CONSUBSTANCIA O PREQUESTIONAMENTO DA CONTROVÉRSIA OBJETO DO RECURSO. DESCUMPRIMENTO DA EXIGÊNCIA CONTIDA NO ART. 896, § 1º-A, DA CLT. O art. 896, § 1º-A, I, da CLT, incluído pela Lei n. 13.015/2014, dispõe ser ônus da parte, sob pena de não conhecimento, "indicar o trecho da decisão recorrida que consubstancia o prequestionamento da controvérsia objeto do recurso de revista". Na presente hipótese, a parte recorrente não observou requisito contido no dispositivo, o que inviabiliza o prosseguimento do recurso de revista. Agravo não provido. INDENIZAÇÃO POR DANOS MORAIS. VALOR ARBITRADO. INDICAÇÃO DO TRECHO DA DECISÃO RECORRIDA QUE CONSUBSTANCIA O PREQUESTIONAMENTO DA CONTROVÉRSIA OBJETO DO RECURSO. DESCUMPRIMENTO DA EXIGÊNCIA CONTIDA NO ART. 896, § 1º-A, DA CLT. O art. 896, § 1º-A, I, da CLT, incluído pela Lei n. 13.015/2014, dispõe ser ônus da parte, sob pena de não conhecimento, "indicar o trecho da decisão recorrida que consubstancia o prequestionamento da controvérsia objeto do recurso de revista". Na presente hipótese, a parte recorrente não observou requisito contido no dispositivo, o que inviabiliza o prosseguimento do recurso de revista. Agravo não provido." (Ag-AIRR-130754-70.2014.5.13.0028, 5ª Turma, relator Ministro Breno Medeiros, DEJT 08.02.2019)

ACIDENTE DE TRABALHO. PRELIMINAR DE NULIDADE DA PERÍCIA E DA SENTENÇA. PERITO FISIOTERAPEUTA. ALEGAÇÃO EXTEMPORÂNEA. PRECLUSÃO. PLEITO DE APOSENTADORIA POR INVALIDEZ OU AUXÍLIO-DOENÇA. DOENÇA OCUPACIONAL. TENDINOPATIA DA CABEÇA LONGA DO BÍCEPS, TENDINOPATIA SUBESCAPULAR E SUPRA ESPINHAL E RUPTURA PARCIAL DO SUPRA ESPINHAL (OMBRO DIREITO). POSSIBILIDADE DE RECUPERAÇÃO DA CAPACIDADE LABORATIVA CONDICIONADO A TRATAMENTO OU REABILITAÇÃO. AUSÊNCIA DE INVALIDEZ TOTAL E PERMANENTE. CONCESSÃO DE AUXÍLIO-DOENÇA. TERMO INICIAL DO BENEFÍCIO. CORREÇÃO MONETÁRIA E JUROS DE MORA. ADEQUAÇÃO. MUDANÇA DA JURISPRUDÊNCIA PARA APLICAÇÃO DA LEI N. 11.960/09. VERBA ALIMENTAR. HONORÁRIOS

ADVOCATÍCIOS. Comprovado que, em virtude de doença do trabalho por esforço físico repetitivo, a segurada se encontra temporariamente incapacitada para o trabalho, dependendo de tratamento para voltar ao exercício de atividade laboral, cabe o deferimento do benefício de auxílio-doença acidentário. Alterada a orientação jurisprudencial do tribunal que passa a aplicar às ações de acidente de trabalho movidas contra o inss, independentemente da data do ajuizamento, o disposto no art. 1º-F da Lei n. 9.494/97 redigido pela Lei n. 11.960/09, com efeitos a partir do início da vigência desta (1º.7.2009), na hipótese de a citação ter ocorrido posteriormente, desde o vencimento de cada parcela os juros de mora e a correção monetária deverão ser calculados englobadamente pelos índices oficiais de remuneração básica e juros da caderneta de poupança a partir da citação, de sorte que, nesse caso, a correção monetária de parcelas anteriores seguirá os índices estabelecidos na legislação previdenciária. Na hipótese de a citação ter ocorrido antes do início da vigência da Lei n. 11.960/09, e haver parcelas pretéritas, desde cada vencimento a correção monetária seguirá os índices previstos na legislação previdenciária e os juros de mora, por incidirem sobre verba alimentar, serão de 1% (um por cento) a partir da citação; contudo, a partir de 1º.07.2009 ambos os referidos encargos passarão a ser calculados englobadamente pelos índices oficiais de remuneração básica e juros da caderneta de poupança. A sequência de índices de correção monetária a serem aplicados nas ações acidentárias movidas contra o inss no período anterior à incidência da Lei n. 11.960/09 é a seguinte, de acordo com a época de vigência da dívida: ORTN, de 9.4.1981 a fevereiro de 1986 (Lei n. 6.899/81 e Decreto n. 86.649/81); OTN, de março de 1986 a janeiro de 1989 (art. 6º, do Decreto-lei n. 2.284/86); BTN, de fevereiro de 1989 a fevereiro de 1991 (art. 5º, § 1º, "c", e § 2º, da Lei n. 7.777/89); INPC, de março de 1991 a junho de 1991 (arts. 3º e 4º, da Lei n. 8.177/91); INPC, de julho de 1991 a dezembro de 1992 (art. 41, § 6º, da Lei n. 8.213/91); IRSM, de janeiro de 1993 a fevereiro de 1994 (art. 9º, § 2º, da Lei n. 8.542/92); URV, de março de 1994 a junho de 1994 (art. 20, § 5º, da Lei n. 8.880/94); IPC-R, de julho de 1994 a junho de 1995, (art. 20, § 6º, da Lei n. 8.880/94); INPC, de julho de 1995 a abril de 1996 (art. 8º, § 3º, da MP n. 1.053/95); IGP-DI, de maio de 1996 a julho de 2006 (art. 8º, da MP n. 1.415/96 e art. 10, da Lei n. 9.711/98); INPC, de agosto de 2006 em diante (art. 41-A, da Lei n. 8.213/91, incluído pela MP n. 316/06 convertida na Lei n. 11.430/06). Não tem aplicação ao caso o disposto no art. 31 do estatuto do idoso. nas ações acidentárias os honorários advocatícios devem ser fixados em 10% sobre o valor das prestações vencidas até a data da publicação da sentença. (TJ-SC; AC 2011.101983-9; Chapecó; Quarta Câmara de Direito Público; rel. Des. Jaime Ramos; Julg. 1º.3.2012; DJSC 21.3.2012; p. 421)

ACIDENTE DE TRABALHO. PRELIMINAR DE NULIDADE DA PERÍCIA E DA SENTENÇA. PERITO FISIOTERAPEUTA. JURISPRUDÊNCIA CONSOLIDADA DO TRIBUNAL SOBRE A NECESSIDADE DE A PERÍCIA SER REALIZADA POR MÉDICO. POSICIONAMENTO CONTRÁRIO DO RELATOR. ADESÃO AO ENTENDIMENTO DA MAIORIA PARA NÃO PREJUDICAR A SEGURANÇA JURÍDICA. ANULAÇÃO DO PROCESSO. No entendimento do relator, pode o fisioterapeuta e o fonoaudiólogo realizar perícias em ações acidentárias, cada um na sua área de conhecimento, não sendo exclusivo de médico tal mister. Todavia, como a jurisprudência deste tribunal é pacífica no sentido da necessidade de a perícia ser realizada por médico, adere-se a esse posicionamento para evitar prejuízo à segurança jurídica, anulando-se o processo desde a perícia, inclusive. (TJ-SC; AC 2011.075163-7; Chapecó; Quarta Câmara de Direito Público; rel. Des. Jaime Ramos; Julg. 15.12.2011; DJSC 3.2/2012; p. 80)

RECURSO DE REVISTA. 1. Nulidade. Negativa de prestação jurisdicional. Quando a decisão se mostra bem lançada, com estrita observância das disposições dos arts. 93, IX, da Constituição Federal, 458 do CPC e 832 da CLT, não se cogita de nulidade, por negativa de prestação jurisdicional. Recurso de revista não conhecido. 2. Nulidade. Cerceamento de defesa. A determinação ou o indeferimento da produção de prova constituem prerrogativas do juízo, com esteio nos arts. 130 e 131 do CPC e 765 da CLT. Logo, não há nulidade a ser declarada, com base no art. 5º, LV, da Constituição Federal, quando o indeferimento de prova encontra lastro no estado instrutório dos autos. Recurso de revista não conhecido. 3. Adicional de transferência. Prescrição. Parcela assegurada por preceito de Lei. O pagamento do adicional de transferência está previsto no art. 469, § 3º, da CLT. Logo, mesmo considerando que se trata de prestação de trato sucessivo, a prescrição é parcial, uma vez que se trate de parcela assegurada por preceito de Lei. Incidência da Súmula n. 294 do TST. Recurso de revista não conhecido. 4. Adicional de transferência. Nos termos da OJ n. 113 da SBDI-1/TST, o fato de o empregado exercer cargo de confiança ou a existência de previsão de transferência no contrato de trabalho não exclui o direito ao adicional. O pressuposto legal apto a legitimar a percepção do mencionado adicional é a transferência provisória. Recurso de revista não conhecido. 5. Adicional de transferência. Base de cálculo. Ausência de prequestionamento do tema sob o enfoque pretendido pela parte (Súmula n. 297, I e II, do TST). Apegado a aspectos não prequestionados (Súmula n. 297, I e II, do TST), não prospera o recurso de revista. Recurso de revista não conhecido. 6. Adicional de transferência. Natureza jurídica. O recebimento do adicional de transferência não está sujeito a qualquer tipo de comprovação das despesas efetuadas pelo empregado. Inegável a natureza jurídica salarial da parcela. Recurso de revista conhecido e desprovido. 7. Prescrição. Promoções estabelecidas em plano de cargos e salários. Inaplicabilidade da Súmula n. 294/TST. A não concessão de promoções estabelecidas em plano de cargos e salários não configura alteração do pactuado, mas, sim, descumprimento de norma interna da empresa. Desta forma, inaplicável, no presente caso, o disposto na Súmula n. 294/TST. Recurso de revista não conhecido. 8. Abatimento de valores pagos. Critério global. Conforme entendimento consolidado na eg. SBDI-1, a quem compete uniformizar a jurisprudência trabalhista, a compensação de valores deferidos judicialmente, quando verificado o pagamento de idêntica parcela, observará o critério global, não adstrita ao mês de apuração. Recurso de revista conhecido e provido. 9. Horas extras. Base de cálculo. O recurso de revista se concentra na avaliação do direito posto em discussão. Assim, em tal via, já não são revolvidos fatos e provas, campo em que remanesce soberana a instância regional. Diante de tal peculiaridade, o deslinde do apelo considerará, apenas, a realidade que o acórdão atacado revelar. Esta é a inteligência das Súmulas ns. 126 e 297 do TST. Recurso de revista não conhecido. 10. Laudo pericial elaborado por fisioterapeuta. Doença profissional — Ler/Dort. Possibilidade. 10.1. Nos termos do art. 145 do CPC, quando a prova do fato depender de conhecimento técnico ou científico, o juiz escolherá o perito dentre profissionais de nível universitário, devidamente inscritos no órgão de classe competente, desde que este seja especialista na matéria sobre a qual deverá opinar. Na hipótese, o profissional escolhido tem formação em fisioterapia, profissão devidamente regulamentada pelo Decreto-lei n. 938/1969 e pela Lei Federal n. 6.316/1975. 10.2. Assim, diante do que preceituam as resoluções do conselho federal de fisioterapia e terapia ocupacional ns. 381/2010, 259/2003 e 80/1997, revela-se incontestável a possibilidade de o profissional de fisioterapia elaborar laudo pericial, em lides que envolvam doença profissional, no âmbito da sua atuação, com vistas a identificar, avaliar e observar os fatores ambientais que possam constituir risco à saúde funcional do trabalhador e, ainda, elaborar o diagnóstico fisioterapêutico, indicando o grau de capacidade ou de incapacidade funcional, competências ou incompetências laborais, mudanças ou adaptações nas funcionalidades e seus efeitos no desempenho laboral. 10.3. Cumpre, aqui, ressalvar que não se está a discutir a possibilidade de o fisioterapeuta vir a elaborar diagnóstico médico, situação que, por óbvio, escapa da sua área de atuação, mas sim, dentro da sua competência, atuar como perito judicial. 10.4. Por outro lado, na dicção do art. 436 do CPC, a convicção do magistrado não fica adstrita ao conteúdo do laudo pericial e às conclusões do expert. Na situação dos autos, o juízo de primeiro grau firmou seu convencimento não só com base na perícia, mas também nas demais provas já produzidas. Recurso de revista conhecido e desprovido. 11. Dano moral. Indenização. Parâmetros relevantes para aferição do valor da indenização. Sistema aberto. Dosimetria do quantum indenizatório. 11.1. Dano moral consiste em lesão a atributos íntimos da pessoa, de modo a atingir valores juridicamente tutelados, cuja mensuração econômica envolve critérios objetivos e subjetivos. 11.2. A indenização por dano moral revela conteúdo de interesse público, na medida em que encontra ressonância no princípio da dignidade da pessoa humana, sob a perspectiva de uma sociedade que se pretende livre, justa e solidária (CF, arts. 1º, III, e 3º, I). 11.3. A dosimetria do quantum indenizatório guarda relação direta com a existência e a extensão do dano sofrido, o grau de culpa e a perspectiva econômica do autor e da vítima, razão pela qual a atuação dolosa do agente reclama reparação econômica mais severa, ao passo que a imprudência ou negligência clamam por reprimenda mais branda. 11.4. Assim, à luz do sistema aberto, cabe ao julgador, atento aos parâmetros relevantes para aferição do valor da indenização por dano moral, fixar o quantum indenizatório com prudência, bom senso e razoabilidade, sob pena de afronta ao princípio da restauração justa e proporcional. Recurso de revista não conhecido. 12. Descontos. Seguro de vida e associação mensalidade. Devolução. Descontos salariais efetuados pelo empregador, com a autorização prévia e por escrito do empregado, para ser integrado em planos de assistência odontológica, médico-hospitalar, de seguro, de previdência privada, ou de entidade cooperativa, cultural ou recreativo-associativa de seus trabalhadores, em seu benefício e de seus dependentes, não afrontam o disposto no art. 462 da CLT, salvo se ficar demonstrada a existência de coação ou de outro defeito que vicie o ato jurídico. Incidência da Súmula n. 342 do TST. Recurso de revista não conhecido. 13. Complementação de aposentadoria. Fonte de custeio. Não resistindo as violações apontadas ao quadro fático descrito pelo regional, não prospera o recurso de revista. Recurso de revista não conhecido. 14. Multa convencional. Previsão normativa de aplicação de apenas uma multa por ação e não uma por cada instrumento coletivo violado. Preclusão. Sobre os temas que não foram objeto de insurgência específica no recurso ordinário, opera-se a preclusão, na forma da Súmula n. 297/TST, uma vez que não analisados pelo regional. Recurso de revista não conhecido. 15. Multa por embargos protelatórios. Revelado o caráter protelatório dos embargos declaratórios, correta a aplicação da multa prevista no parágrafo único do art. 538 do CPC. Recurso de revista não conhecido. (Tribunal Superior do Trabalho TST; RR 76100-64.2005.5.09.0092; Terceira Turma; rel. Min. Alberto Luiz Bresciani de Fontan Pereira; DEJT 3.6.2011; p. 914)

NULIDADE PROCESSUAL. RESTRIÇÃO DO DIREITO DE PRODUÇÃO DE PROVA. Laudo pericial elaborado por perito não médico. Rejeição ao pedido de nova perícia. Ausência de prejuízo de ordem processual. Não prospera a alegação de nulidade processual por restrição do direito de prova, em face de rejeição ao pedido de elaboração de nova prova pericial, por perito médico, em substituição à já produzida nos autos, por perita da área de fisioterapia. O sistema processual brasileiro consagra o princípio do livre convencimento motivado e faculta ao julgador firmar sua convicção a partir de qualquer elemento de prova legalmente produzido, desde que fundamente sua decisão. Na hipótese dos autos, a prova teve como objetivo apurar aspectos pertinentes ao local de trabalho, tal como a biomecânica ocupacional, os quais foram devidamente valorados na formação do convencimento sobre a presença do nexo causal entre a doença profissional e as atividades desenvolvidas pela autora. Assim, não se trata de diagnóstico médico sobre a moléstia que acomete a autora, este sim ato privativo de profissional da área médica. Portanto, pela ausência de amparo legal à pretensão de que a prova pericial seja ato privativo de profissional médico e de prova sobre a falta de capacitação da perita fisioterapeuta para o mister a que foi designada, não se vislumbra prejuízo à ré, passível de caracterizar a alegada nulidade processual. Recurso a que se nega provimento. (TRT 09ª R.; Proc. 99514-2005-872-09-00-7; Ac. 01264-2011; Segunda Turma; relª. Desª. Ana Carolina Zaina; DJPR 21.1.2011)

LAUDO PERICIAL REALIZADO POR FISIOTERAPEUTA. VALIDADE. O simples fato de o expert nomeado pelo MM. Juízo *"a quo"* ter graduação em fisioterapia não é capaz, por si só, de tornar inválido o laudo pericial, máxime porque o Autor não apresenta qualquer elemento hábil que possa desconstituir a sua conclusão. Outrossim, a exigência legal não é a de que o perito seja médico, mas que tenha especialidade na matéria sobre a qual deverá opinar, sendo o fisioterapeuta profissional apto a examinar as funções e disfunções do movimento humano. ACIDENTE DE TRABALHO. DOENÇA OCUPACIONAL. ESTABILIDADE PROVISÓRIA. AUSÊNCIA DO NEXO CAUSAL. O direito à estabilidade provisória, ou à correspondente indenização, visa coibir o empregador de efetuar a dispensa daqueles trabalhadores a que a Constituição Federal e a Lei Ordinária asseguram estabilidade no emprego, como o trabalhador que foi acometido por acidente de trabalho, nos termos do art. 118 da Lei n. 8.213/91. Se, contudo, restar demonstrado, por meio do conjunto probatório, que a alegada doença não decorre das atividades exercidas pelo empregado, ou seja, ausente o nexo causal, não se cogita de estabilidade provisória ou indenização pretendida. Recurso do Autor a que se nega provimento. (TRT 09ª R.; Proc. 05633-2007-872-09-00-9; Ac. 22613-2009; Primeira Turma; rel. Des. Ubirajara Carlos Mendes; DJPR 17.7.2009)

DOENÇA OCUPACIONAL. ESTABELECIMENTO DE NEXO TÉCNICO. LAUDO PERICIAL REALIZADO POR FISIOTERAPEUTA. POSSIBILIDADE. 1. Embora o fisioterapeuta não tenha habilitação legal para diagnosticar doenças, nenhum empecilho existe para que ele seja designado auxiliar do juízo e, através do trabalho pericial, analise os fatores de risco, verifique os procedimentos preventivos adotados pela empresa e, à luz das funções desenvolvidas e condições do trabalho, estabeleça ou não um nexo técnico que justifique o reconhecimento de uma doença ocupacional. 2. É que para a fixação do nexo técnico exige-se outros conhecimentos específicos, os quais não são privativos do médico, sendo de se observar que o perito nomeado tem habilitação específica em programas de prevenção contra as LERs e, por força de sua formação profissional (fisioterapeuta) também tem conhecimento específico acerca da mecânica dos movimentos e sua influência no aparelho osteomuscular. 3. Reformulação parcial de entendimento anteriormente manifestado (RO 0340/2001. AC. TP n. 2.103/2001). (TRT 24ª R.; RO 00359-2002-021-24-00-7; rel. Juiz Amaury Rodrigues Pinto Júnior; Julg. 10.12.2003; DOEMS 27.1.2004; p. 38)

8.2. O local, a metodologia, os instrumentos e o registro da diligência

A prova pericial consistirá em exame médico e/ou vistoria no local de trabalho. O método de trabalho é de responsabilidade do auxiliar do Juízo. Os instrumentos utilizados devem ser levados pelo perito, sendo certo que a utilização de instrumentos ou aparelhos de propriedade da empresa periciada ou constante no recinto não é confiável, nem tampouco denota imparcialidade.

A diligência deve ser registrada com filme ou foto. A materialização da diligência traduz juízo de certeza do ambiente periciado. O perito deve instruir o laudo com documentos e provas das suas pesquisas e constatações (por exemplo: temperatura do ambiente em outros dias; velocidade das máquinas em outros dias; número de movimentos realizados por segundo, minutos, horas por dia; ciclo da produção; quantificação das pausas; postura; ficha médica; exame de saúde admissional), sob pena de se tornar uma simples testemunha, e não um auxiliar do Juízo.

As empresas, em alguns casos, alegam que deve ser guardado sigilo acerca de seus maquinários ou que os documentos não podem ser fornecidos. Ora, nada deve ser obstado na busca da verdade real.

A autorização para que as partes e os patronos acompanhem a diligência é uma praxe. No NCPC percebe-se a preocupação com a publicidade da diligência.

Na hipótese do perito não comparecer na empresa, a parte pode alegar a nulidade do Laudo Pericial com base na Resolução n. 2.183/18, art. 13º, do Conselho Federal de Medicina.

Veja os julgados:

"DOENÇA OCUPACIONAL – VERIFICAÇÃO POR PERÍCIA QUE NÃO EXAMINA O LOCAL DE TRABALHO – CERCEIO DE DEFESA – TRANSCENDÊNCIA JURÍDICA – VIOLAÇÃO DO ART. 5º, LIV E LV, DA CF – RECURSO PROVIDO. 1. Constitui transcendência jurídica do recurso de revista a novidade da causa nele veiculada, a exigir uniformização e pacificação da jurisprudência pelo TST (CLT, art. 896-A, § 1º, IV). Não tendo este Relator se debruçado anteriormente sobre a questão da configuração, ou não, de cerceio de defesa pela não visita do perito ao local de trabalho, limitando-se ao exame clínico do paciente para concluir no sentido da não caracterização de doença ocupacional, quando as dores são lombares e podem ter relação com a ergonomia do trabalho, reconhece-se a transcendência jurídica da causa. 2. No mérito, o fundamento principal do Regional para dispensar a visita ao local de trabalho foi o art. 11 da Resolução n. 1.488/98 do Conselho Federal de Medicina, que contemplaria a facultatividade do exame local. Ora, tal resolução foi revogada pela Resolução n. 2.183/18 do CFM, que, em seu art. 13, dispõe como deveres do perito médico examinar clinicamente o trabalhador, vistoriar o local de trabalho e estabelecer o nexo causal entre patologia e ocupação profissional. E a nova resolução do CFM era a que estava vigente à época da propositura da ação. 3. Assim, laudo pericial sem visita ao local de trabalho, concluindo pela inexistência de nexo causal entre doença e trabalho, incorre em patente cerceio de defesa do Reclamante, com violação direta do art. 5º, LIV e LV, da CF, por patente atropelo dos princípios do devido processo legal e da ampla defesa. 4. Assim, é de se dar provimento ao recurso de revista, para decretar a nulidade do processo a partir da confecção do laudo pericial, determinando-se a nomeação de novo perito e a elaboração de novo laudo pericial, com visita ao local de trabalho, para verificação das condições da prestação laboral pelo Reclamante, com seu acompanhamento, nos termos do art. 13, II, da Resolução n. 2.183/18, ficando prejudicada a questão relativa aos ônus da sucumbência, relativos aos honorários advocatícios e periciais frente à gratuidade de justiça. Recurso de revista provido." (RR-1001983-02.2018.5.02.0391, 4ª Turma, relator Ministro Ives Gandra Martins Filho, DEJT 04.09.2020)

PROVA PERICIAL. RECLAMANTE NÃO NOTIFICADO DA DATA DA VISITAÇÃO TÉCNICA À EMPRESA. NULIDADE CONFIGURADA. A ausência de notificação do Reclamante acerca da data da visitação técnica à empresa configura cerceamento de defesa e importa na declaração de nulidade de todos os atos do processo desde o momento em que a parte deveria ter sido cientificada e não o foi. (Inteligência analógica do art. 431. A do Código de Processo Civil, de aplicação subsidiária) (TRT 05ª R.; RO 132300-16.2007.5.05.0001; Segunda Turma; relª. Desª. Débora Maria Lima Machado; DEJTBA 19.11.2010)

CERCEAMENTO DE DEFESA. PROVA. PERÍCIA. PRODUÇÃO ANTECIPADA EM HORA DIVERSA DAQUELA CONTIDA NA INTIMAÇÃO. ASSISTENTE-TÉCNICO IMPEDIDO DE EXAMINAR O PERICIANDO. CARACTERIZAÇÃO. COMPARECIMENTO DO AUTOR NO CONSULTÓRIO DO ASSISTENTE-TÉCNICO DO RÉU. ADMISSIBILIDADE. Nos termos do art. 431-A do Código de Processo Civil, as partes terão ciência da data e local designados pelo juiz ou indicados pelo perito para ter início a produção da prova pericial. Uma das razões desta norma é possibilitar aos Assistentes Técnicos das partes acompanharem a perícia e emitirem seu parecer, garantindo o direito à ampla defesa. Realizado o exame pericial antecipadamente, com a dispensa do autor, sem a presença do Assistente Técnico da ré, que ao local chegou tempestivamente, impossibilitando-o de examinar o periciando, é de se reconhecer ter havido cerceamento de defesa. Para suprir a falha, duas possibilidades restariam: uma, reiterar a perícia, outra, a preconizada pela agravante, qual seja, o comparecimento do autor perante o Assistente Técnico da ré, para que por este fosse examinado, o que se mostra pertinente, ante as circunstâncias fáticas. (TACSP 2; AI 844.057-00/9; Sétima Câmara; rel. Juiz Paulo Ayrosa; Julg. 30.3.2004)

O perito deve observar a rotina estabelecida pela Norma Técnica do órgão previdenciário, independentemente do contido no Código de Ética Médica.

Como exemplo, de acordo com a Norma Técnica da Incapacidade Laborativa no procedimento para realização da perícia em caso de DORT, o perito deve seguir a seguinte rotina (etapas de sua avaliação):

1ª Etapa: identificar e caracterizar o quadro clínico e epidemiológico;

2ª Etapa: avaliar a incapacidade laborativa;

3ª Etapa: correlacioná-las ao trabalho (nexo técnico).

Além destas etapas, deve avaliar também: riscos do trabalho, biológicos, comportamento e estilo de vida pessoal e inadequação do sistema de cuidado a saúde.

A realização do exame pericial deverá apresentar:

a) história Clínico-Ocupacional, anamnese dirigida para caracterização dos sintomas, antecedentes pessoais;

b) exame físico (inspeção; apalpação);

c) exame neurológico;

d) diagnóstico (anátomo-funcional), fundamentado no exame físico;

e) descrição das condições de trabalho geradoras dos DORT (relatório descritivo das atividades, solicitado o serviço responsável da empresa, e a realização de vistoria na empresa para caracterização técnica do nexo).

Em consulta formulada ao Conselho Regional de Medicina do Mato Grosso do Sul, bem como por meio de parecer do Conselho Federal de Medicina, fora informado que não é recomendado ao Médico do Trabalho que presta serviços à empresa atuar na condição de assistente técnico desta, bem como em procedimentos afetos a funcionários que com ele efetuaram tratamento.

Diante da recomendação o assistente técnico, se indicado, passa a ser parte interessada, não sendo crível que se possa admitir discussão acerca de assuntos de natureza médica da perícia com aquele profissional que tem como finalidade fornecer subsídio à tese da empresa.

Os arts. 29/45 e 118/121 do Código de Ética Médica nas partes referentes à Responsabilidade Profissional e Perícia Médica vislumbram o procedimento estabelecido pelo perito.

O perito não deve agir ao seu bel prazer. A pesquisa científica, o conteúdo e a conclusão devem ter bases sólidas na literatura médica e na legislação, sendo que a autonomia não significa que não necessite dar as razões e os fundamentos de como avaliou e chegou ao resultado.

O perito deve apresentar o Laudo Pericial dentro do prazo estabelecido pelo juiz, sendo que o assistente técnico apresentará o parecer no prazo de 15 (quinze) dias após a intimação das partes[17].

---

(17) Art. 477. O perito protocolará o laudo em juízo, no prazo fixado pelo juiz, pelo menos 20 (vinte) dias antes da audiência de instrução e julgamento.

§ 1º As partes serão intimadas para, querendo, manifestar-se sobre o laudo do perito do juízo no prazo comum de 15 (quinze) dias, podendo o assistente técnico de cada uma das partes, em igual prazo, apresentar seu respectivo parecer.

§ 2º O perito do juízo tem o dever de, no prazo de 15 (quinze) dias, esclarecer ponto:

I – sobre o qual exista divergência ou dúvida de qualquer das partes, do juiz ou do órgão do Ministério Público;

II – divergente apresentado no parecer do assistente técnico da parte.

§ 3º Se ainda houver necessidade de esclarecimentos, a parte requererá ao juiz que mande intimar o perito ou o assistente técnico a comparecer à audiência de instrução e julgamento, formulando, desde logo, as perguntas, sob forma de quesitos.

§ 4º O perito ou o assistente técnico será intimado por meio eletrônico, com pelo menos 10 (dez) dias de antecedência da audiência.

Veja os julgados:

RECURSO ORDINÁRIO. NULIDADE PROCESSUAL NÃO CONFIGURADA. Os assistentes técnicos indicados pelas partes não mais emitem laudo conjunto com o perito oficial, mas em separado. Emitem apenas pareceres, que devem ser trazidos aos autos, no prazo de 10 dias, após a juntada do laudo oficial, independentemente de intimação. Incumbe, pois, à parte interessada diligenciar pela apresentação do laudo divergente, o que torna dispensável a intimação pessoal do assistente (CPC, art. 433, parágrafo único). *In casu*, não obstante, a ausência de notificação do assistente técnico para acompanhar a vistoria, a Reclamada teve oportunidade de influenciar no livre convencimento do magistrado ao impugnar o laudo pericial (fls. 234/38), não se evidenciando o prejuízo à parte, imprescindível para a decretação de nulidade nesta Justiça Especializada, a teor do art. 794 da CLT. Recurso improvido. (TRT 06ª R.; RO 0001330-60.2010.5.06.0011; Quarta Turma; relª. Juíza Conv. Ana Cristina da Silva; Julg. 19.1.2012; DEJTPE 1º.2.2012; p. 58)

LAUDO PERICIAL. AUSÊNCIA DE PRAZO PARA MANIFESTAÇÃO. CERCEAMENTO DE DEFESA. Consoante dicção do parágrafo único, do art. 433, do CPC, aplicado subsidiariamente ao processo do trabalho (art. 769 da CLT) e do § 6º, do art. 852 – H, da CLT, as partes deverão ser intimadas a manifestarem-se sobre o laudo pericial, uma vez nos autos. Tais determinações espelham a garantia constitucional da ampla defesa (art. 5, LV, da CF), a qual impõe à autoridade judicial o dever de fiel observância das normas processuais e de todos os princípios jurídicos incidentes sobre o processo. Assim, não tendo sido dada oportunidade à autora para se manifestar sobre o laudo pericial, anula-se a r. Sentença por cerceamento de defesa. (TRT 18ª R.; RO 1263-31.2011.5.18.0010; Primeira Turma; rel. Juiz Conv. Eugênio José Cesário Rosa; Julg. 8.2.2012; DEJTGO 15.2.2012; p. 31)

COMPLEMENTAÇÃO DO LAUDO PERICIAL. INTIMAÇÃO PARA MANIFESTAÇÃO DAS PARTES EM AUDIÊNCIA. NULIDADE PROCESSUAL. NÃO CONFIGURAÇÃO. Uma vez intimada a reclamada para se manifestar em audiência sobre a resposta a indagações por ela formulada ao perito e não comparecendo esta à audiência, deixando para se manifestar em momento posterior, por meio de razões finais, não há que se falar em nulidade processual pelo fato de o juiz ter considerado intempestivas as razões. Não incide o art. 433 e parágrafo único do CPC, porque o procedimento trabalhista prima pela celeridade, de modo que, dispondo os juízes de amplos poderes na direção do processo, deve velar pelo seu rápido andamento, rejeitando, de pronto, expedientes meramente protelatórios, com sobrecarga e encarecimento das atividades jurisdicionais, comprometendo a razoável duração do processo (CF, art. 5º, LXXVIII). No caso, se a conduta do juiz eventualmente trouxe algum prejuízo à parte, isso se deve única e exclusivamente à sua inércia, deixando de se manifestar na ocasião que lhe foi oportunizada. ACIDENTE DO TRABALHO. ATIVIDADE DE RISCO. INCIDÊNCIA DA RESPONSABILIDADE CIVIL OBJETIVA. INDENIZAÇÃO POR DANOS MATERIAIS E MORAIS. A condenação do empregador pelos danos sofridos pelo empregado em decorrência de acidente ocorrido no ambiente de trabalho, enseja, via de regra, a aplicação da responsabilidade subjetiva (art. 7º, XXVII, da CF, c/c os arts. 186 e 927 do CC). Entretanto, em se tratando de atividade de risco, incide a responsabilidade objetiva (parágrafo único do art. 927 do CC), pelo fato de a empresa submeter o empregado a um risco de dano mais elevado em relação aos demais cidadãos. Vindo o obreiro a sofrer acidente de trabalho que o impossibilite definitivamente para a função anteriormente desempenhada, sem prova de excludente de responsabilidade, impõe-se a condenação por danos materiais e morais. (TRT 22ª R.; RO 0000307-10.2011.5.22.0105; Primeira Turma; rel. Des. Arnaldo Boson Paes; Julg. 5.3.2012; DEJTPI 14.3.2012; p. 26)

Ademais, como é sabido o juiz não está adstrito ao laudo pericial (art. 479 do NCPC[(18)]).

Veja os julgados:

RECURSO DE REVISTA. DOENÇA DO TRABALHO. PRESCRIÇÃO. A discussão encontra-se superada, tendo esta corte já consolidado entendimento de que a prescrição trabalhista do art. 7º, XXIX, da Constituição Federal somente é aplicável na hipótese em que a ocorrência do evento danoso, ou a ciência dele pelo trabalhador, ocorreu em data posterior ao advento da EC n. 45/2004, devendo, para as demais hipóteses, ser aplicada a prescrição civil, como ocorrido *in casu*. Há precedentes da SBDI-1 e das turmas desta corte. Incidência do disposto no art. 896, § 4º, da CLT, e do teor da Súmula n. 333 do TST. Recurso de revista não conhecido. Nulidade. Negativa de prestação jurisdicional. As razões explicitadas pela turma julgadora de origem, complementadas pelas que constaram da decisão de embargos declaratórios, foram suficientes para justificar o entendimento inserto no decisum. Ressalte-se, ademais, que o princípio do livre convencimento motivado exige apenas que, a partir da apreciação dos fatos e das provas consignadas no processo, o julgador exponha, de forma fundamentada, os motivos de sua decisão, não sendo obrigado a exaurir os questionamentos das partes que não guardem pertinência direta com a tese lógico-jurídica, condutora da decisão proferida. Recurso de revista não conhecido. Doença ocupacional. Responsabilidade do empregador. Indenização por danos morais e materiais. No exame da matéria, o juízo a quo fez uso da faculdade que lhe confere o art. 436 do CPC, extraindo outros elementos de convicção dos autos, de onde concluiu pela culpa da reclamada pelo evento danoso que acometeu o reclamante, registrando as premissas fáticas respectivas as quais se mostram condizentes com a conclusão adotada. Afastadas as violações suscitadas. Inespecífico o aresto trazido (Súmula n. 296/TST). Recurso de revista não conhecido. Honorários advocatícios. Hipótese de pretensão de indenização decorrente de acidente laboral, cuja ação foi ajuizada inicialmente na justiça comum, com posterior remessa a esta justiça especializada, ante a definição da competência para a apreciação da demanda, conforme a nova redação do art. 114 da CF/88 — Fato não registrado expressamente no acórdão regional, cuja aferição nesta instância não implica o reexame vedado pela Súmula n. 126 do TST em face de sua natureza processual. Nestes casos, consoante jurisprudência recente desta corte, para o deferimento dos honorários advocatícios não há necessidade de preenchimento dos requisitos da Lei n. 5.584/70, pois seu preceito somente é compatível com o processo para cuja instauração o trabalhador tem capacidade postulatória. Assim não sucedia ao tempo em que a ação foi proposta perante a justiça comum. Precedentes. Decisão regional que comporta manutenção, ainda que por fundamento diverso. Recurso de revista não conhecido. (Tribunal Superior do Trabalho TST; RR 234100-95.2005.5.04.0030; Sexta Turma; rel. Min. Augusto César Leite de Carvalho; DEJT 20.4.2012; p. 1.841)

I. AGRAVO DE INSTRUMENTO DA RECLAMANTE DANO MORAL E MATERIAL. DOENÇA OCUPACIONAL DEGENERATIVA. INEXISTÊNCIA DE NEXO CAUSAL COM AS ATIVIDADES PROFISSIONAIS. SÚMULA N. 126 DO TST. DECISÃO DENEGATÓRIA. MANUTENÇÃO. CONSTATADO PELA PROVA PERICIAL MENCIONADA NO ACÓRDÃO QUE A CAUSA DA PATOLOGIA (PROTUSÃO DISCAL) DA RECLAMANTE POSSUI NATUREZA DEGENERATIVA, SEM NEXO CAUSAL OU CONCAUSAL COM O TRABALHO

(18) Art. 479. O juiz apreciará a prova pericial de acordo com o disposto no art. 371, indicando na sentença os motivos que o levaram a considerar ou a deixar de considerar as conclusões do laudo, levando em conta o método utilizado pelo perito.

DESENVOLVIDO JUNTO À RECLAMADA, NÃO HÁ COMO SE CHEGAR A CONCLUSÃO DIFERENTE SEM O REEXAME DE TODO O CONJUNTO PROBATÓRIO DOS AUTOS, O QUE É VEDADO NOS ESTREITOS LIMITES DE COGNIÇÃO DO RECURSO DE REVISTA, POR FORÇA DA SÚMULA N. 126 DO TST. AGRAVO DE INSTRUMENTO DESPROVIDO. II. RECURSO DE REVISTA DA RECLAMADA. 1 – Diferenças de FGTS — Ônus da prova. Em sessão do dia 24.5.2011, o pleno desta corte superior decidiu cancelar a OJ n. 301 da SDI-1, passando esta casa, desde então, a dirimir a controvérsia com base na regra geral de distribuição do ônus da prova, prevista nos arts. 818 da CLT e 333 do CPC. Portanto, tratando-se de fato extintivo do direito do reclamante, incumbe à reclamada, também por força do princípio da aptidão para a prova, a comprovação do regular recolhimento dos depósitos do FGTS, nos exatos termos do V. Acórdão recorrido. Recurso não conhecido. 2 – Adicional de insalubridade — Base de cálculo. O simples fornecimento do equipamento de proteção pelo empregador não o exime do pagamento do adicional de insalubridade (Súmula n. 289 do TST). Acresça-se que, nos termos da OJ n. 171 da SDI-1 — TST, para efeito de concessão de adicional de insalubridade não há distinção entre fabricação e manuseio de óleos minerais — Portaria n. 3.214 do Ministério do Trabalho, NR-15, anexo XIII. Ademais, o juiz não está adstrito ao laudo pericial, podendo formar a sua convicção em outros elementos ou fatos, desde que devidamente fundamentada (art. 436 do CPC), como se deu na hipótese. Em relação à base de cálculo, enquanto perdurar o vácuo legislativo, o adicional de insalubridade deve ser calculado com base no salário mínimo. Contudo, no caso, o regional informa a existência de ato normativo estadual que institui o piso salarial estadual para essa finalidade, não se vislumbrando contrariedade à Súmula Vinculante n. 4 do STF. Recurso de revista não conhecido. 3 – Honorários advocatícios. O acórdão regional contrariou a Súmula n. 219 do TST. Recurso de revista conhecido e provido. 4 – Descansos semanais remunerados. É firme o entendimento dessa corte de que é válida a previsão em instrumento coletivo de pagamento conjunto de verbas trabalhistas, como, no caso, salário hora mais repouso semanal remunerado, a afastar a incidência da Súmula n. 91 do TST, que proíbe o pagamento de salário complessivo. Aplicação do art. 7º, inciso XXVI, da CF/88, que reconheceu a validade dos instrumentos normativos. Recurso de revista conhecido e provido. 5 – Participação nos lucros e resultados. A premissa na qual se funda a recorrente, de que o desconto realizado corresponderia ao pagamento da participação nos lucros e resultados realizado anteriormente, contraria frontalmente aquela afirmada pelo regional em sentido diametralmente oposto, de que não houve pagamento prévio. Incidência da Súmula n. 126 do TST, que veda o reexame de fatos e provas. Recurso não conhecido. (Tribunal Superior do Trabalho TST; ARR 88500-80.2009.5.04.0231; Oitava Turma; relª. Minª. Maria Laura Franco Lima de Faria; DEJT 20.4.2012; p. 2.188)

Caso seja provado o procedimento contrário (deixar de atuar com absoluta isenção quando designado para servir como perito ou auditor, assim como ultrapassar os limites das suas atribuições e competência — praticar atos profissionais danosos ao paciente, que possam ser caracterizados como imperícia, imprudência ou negligência), é necessário que seja determinado o envio de ofício ao Conselho Regional de Medicina (CRM), Conselho Federal de Fisioterapia (CREFFITO) para as providências cabíveis, com cópias para o representante do Ministério Público Estadual visando à instauração de ação penal.

Veja os julgados:

AGRAVO DE INSTRUMENTO. PERÍCIA. PROFISSIONAL NÃO QUALIFICADO. VISÃO DO JUIZ. PRECLUSÃO. AUSÊNCIA. NOVA PERÍCIA. POSSIBILIDADE. 1. Em conformidade com o disposto no art. 424, I, do CPC, é recomendável a substituição do perito nomeado pelo juízo quando restar demonstrado que o profissional carece de conhecimento técnico ou científico da matéria sobre a qual deverá opinar. 2. Parecendo ao juiz, destinatário da prova e diretor do processo, que a matéria não foi devidamente esclarecida, a Lei Processual (CPC, art. 437) lhe autoriza determinar a realização de nova perícia nos autos. 3. Embora em certas situações o fenômeno da preclusão impeça que a parte venha produzir alguma prova, esse impedimento não atinge o juiz, o qual, em busca da verdade real e na formação de seu convencimento, pode determinar, de ofício, a produção da prova técnica. (TJ-MG; AGIN 0686439-45.2011.8.13.0000; Guarani; Décima Oitava Câmara Cível; rel. Des. Guilherme Luciano Baeta Nunes; Julg. 31.1.2012; DJEMG 3.2.2012)

PERITO. DESCUMPRIMENTO DO ENCARGO. SUBSTITUIÇÃO. MULTA. Em caso de descumprimento do encargo no prazo que lhe foi assinado, o perito poderá ser substituído, nos termos do inciso II, do art. 424 do CPC. Havendo substituição, é facultado ao magistrado aplicar multa ao perito, conforme prevê o parágrafo único do referido dispositivo legal. No caso em apreço, não houve a substituição e, portanto, não poderia ser imposta sanção ao I. Expert. Todavia, para evitar a *reformatio in pejus* mantenho a r. Decisão agravada. (TRT 17ª R.; AP 52800-79.1995.5.17.0002; rel. Des. Carlos Henrique Bezerra; DOES 23.3.2011; p. 84)

8.3. Os exames complementares

É certo que, na investigação científica, quando se trata de doença ocupacional, o perito observa os exames e laudos constantes nos autos.

No entanto, por força do contido na lei (art. 168, § 2°, da CLT[(19)]), o perito pode exigir outros exames complementares, bem como se socorrer daqueles que devem ser realizados no ato da admissão, para apuração da capacidade ou aptidão física e mental do empregado para função que iria exercer.

(19) Art. 168. Será obrigatório exame médico, por conta do empregador, nas condições estabelecidas neste artigo e nas instruções complementares a serem expedidas pelo Ministério do Trabalho: § 2º Outros exames complementares poderão ser exigidos, a critério médico, para apuração da capacidade ou aptidão física e mental do empregado para a função que deva exercer.

Capítulo IX

Questos: Importância para o Processo

Ao determinar a realização do exame pericial, o juiz possibilita às partes a apresentação de quesitos (art. 465, § 1º, II, do NCPC[20]). Não se trata de faculdade do juízo, mas, sim, direito das partes. Entretanto, o juiz também pode formular quesitos ao perito, independentemente daqueles apresentados pelas partes. O procedimento visa, acima de tudo, ao esclarecimento dos fatos pesquisados.

Os quesitos devem ser pertinentes e relevantes, sendo que o juiz pode indeferi-los quando foram impertinentes (art. 470, I, do NCPC[21]).

9.1. Quesitos impertinentes

Ao formular os quesitos, devem as partes atentar para o objeto da prova pericial, seja o exame clínico, seja a vistoria do local de trabalho. O juiz cuida para que não sejam submetidos à apreciação do perito os quesitos que não apresentam relação direta com a investigação científica determinada. Entretanto, por se tratar de conduta subjetiva, nem sempre a interpretação do juiz merece aplausos das partes.

No caso da parte mais fraca (o empregado), que não possuiu condições econômicas para constituir um assistente técnico, a situação da apresentação de quesitos se torna delicada. É que, se não oferecer quesitos suficientes ao esclarecimento dos fatos, utilizando-se dos recursos e conhecimentos técnicos do próprio advogado, com certeza ficará prejudicado na pesquisa científica pericial.

Dessa maneira, o juiz deve considerar o fato de que o empregador possuiu recursos financeiros para indicar um assistente técnico para acompanhar a diligência, ou seja, por profissional especializado na área.

Para que ocorra o equilíbrio entre as partes, necessário que seja analisado e sopesado com equidade os quesitos apresentados pela parte mais fraca na relação, pois, sem a possibilidade da indicação de assistente técnico, somente restará a resposta aos quesitos formulados.

---

(20) Art. 465. O juiz nomeará o perito, fixando de imediato, o prazo para a entrega do laudo. § 1º Incumbe às partes, dentro em 5 (cinco) dias, contados da intimação do despacho de nomeação do perito: II – apresentar quesitos.

(21) Art. 470. Incumbe ao juiz: I – indeferir quesitos impertinentes.

Temos observado que alguns juízes indeferem a apresentação de quesitos suplementares, ao argumento de que já se encontram convencidos dos fatos investigados pelo seu auxiliar.

Ocorre que a parte mais fraca necessita que todos os fatos e circunstância sejam investigados e fiquem claros para o juízo. A decisão de deferimento ou indeferimento do pedido tem como base a conclusão do perito, pois trata-se de prova técnica, sendo certo que nesse particular o juízo não pode substituir a conclusão pericial — exegese do art. 156 do CPC/2015[22].

9.2. Quesitos suplementares

Alguns falam em quesitos suplementares, outros em quesitos complementares. Na oração do art. 469 do NCPC[23], constam quesitos suplementares.

É importante que se esclareça acerca do momento da apresentação dos quesitos suplementares.

O dispositivo fala que serão apresentados durante a diligência, sendo que a parte contrária deverá ter ciência da apresentação deles.

Na prática é comum a apresentação dos quesitos suplementares após a realização da perícia, isto é, no momento em que o juízo intima as partes para se manifestarem sobre o Laudo Pericial. O procedimento é equivocado. A dicção do artigo é clara "*durante a diligência*", e não após a diligência.

O erro compromete o princípio da isonomia, tendo em vista que a parte que agir de acordo com a lei estará prejudicada.

Ao diretor do processo cabe observar o dispositivo legal, sendo que, somente após o despacho para manifestação dos quesitos apresentados e a consequente resposta pelo perito, a outra parte tomará conhecimento. Aí, o ato já estará praticado (apresentação equivocada e resposta).

O prejuízo é latente. Nem se diga que a busca da verdade real deve prevalecer, uma vez que a nulidade do ato deverá ser objeto de deliberação, antes mesmo de serem as respostas consideradas ou não.

Para tanto, o juízo deverá determinar o desentranhamento das respostas dos supostos quesitos suplementares.

(22) Art. 156. O juiz será assistido por perito quando a prova do fato depender de conhecimento técnico ou científico.

(23) Art. 469. As partes poderão apresentar quesitos suplementares durante a diligência, que poderão ser respondidos pelo perito previamente ou na audiência de instrução e julgamento.

9.3. Questos para esclarecimentos do perito

Neste item ficará nítida a diferença entre os quesitos suplementares e os quesitos para o esclarecimento do perito. O art. 477 do NCPC[23] trata dos esclarecimentos ao perito em forma de perguntas.

Na verdade, a parte quando se manifesta sobre o conteúdo do Laudo Pericial o faz apresentando pontos divergentes com relação ao comportamento pericial, à conclusão e à resposta aos quesitos formulados.

De sorte que, aproveitando a oportunidade, a parte formula outros quesitos como se fossem suplementares.

Ocorre que, no fundo, a parte pretende que sejam respondidos outros quesitos, e não como esclarecimentos do perito.

O fato é que, a impugnação não é o momento para se formularem quesitos suplementares, mas, sim, pedir os esclarecimentos ao perito, ou o seu comparecimento em juízo, formulando desde já as perguntas em forma de quesitos.

A despeito de, na prática, o juiz acolher a postulação como quesitos para esclarecimentos, no entanto, não o são. O que se pretende é a nova formulação de quesitos não ofertados no momento próprio.

A irresignação, na maioria das vezes, é com a conclusão desfavorável do Laudo Pericial. A medida é buscada para tentar a realização de nova perícia, ou mesmo causar confusão na instrução processual.

Assim, não se podem confundir os quesitos suplementares (apresentados durante a diligência pericial) com os esclarecimentos de perguntas em forma de quesitos (após a apresentação do Laudo Pericial e em audiência).

---

(24) Art. 477. O perito protocolará o laudo em juízo, no prazo fixado pelo juiz, pelo menos 20 (vinte) dias antes da audiência de instrução e julgamento.

§ 1º As partes serão intimadas para, querendo, manifestar-se sobre o laudo do perito do juízo no prazo comum de 15 (quinze) dias, podendo o assistente técnico de cada uma das partes, em igual prazo, apresentar seu respectivo parecer.

§ 2º O perito do juízo tem o dever de, no prazo de 15 (quinze) dias, esclarecer ponto:

I – sobre o qual exista divergência ou dúvida de qualquer das partes, do juiz ou do órgão do Ministério Público;

II – divergente apresentado no parecer do assistente técnico da parte.

§ 3º Se ainda houver necessidade de esclarecimentos, a parte requererá ao juiz que mande intimar o perito ou o assistente técnico a comparecer à audiência de instrução e julgamento, formulando, desde logo, as perguntas, sob forma de quesitos.

§ 4º O perito ou o assistente técnico será intimado por meio eletrônico, com pelo menos 10 (dez) dias de antecedência da audiência.

Ademais, há corrente doutrinária que aponta no sentido de que quaisquer outros esclarecimentos a serem prestados pelo perito devem ser feitos em audiência, posto não ser permitido por lei que sejam prestados após a entrega do laudo pericial.

A Lei Nova Instrumental Civil prescreve que o perito responda aos novos quesitos somente em audiência (art. 477 do NCPC).

Leciona sobre a matéria Ernane Fidélis dos Santos:

> "Realizada a perícia, podem as partes pedir esclarecimentos aos peritos, formulando, desde logo, as perguntas sob a forma de QUESITOS (art. 435). (...) As perguntas complementares formuladas deverão sê-lo sob a forma de QUESITOS (art. 435). Não se trata, porém, de QUESITOS suplementares ou NOVOS QUESITOS, mas apenas esclarecimentos sobre o que já foi objeto da perícia. A parte não pode forçar o técnico a responder, de maneira diversa, o que já foi respondido."[(25)]

Nesse sentido preleciona também o ilustre doutrinador Humberto Theodoro Júnior:

> "Depois de juntado o laudo aos autos, a parte que desejar esclarecimento do perito e do assistente técnico deverá requerer ao juiz que mande intimá-lo a comparecer à audiência. Mas, para que seu pedido seja atendido, terá de ser acompanhado das perguntas de esclarecimento, formuladas sob forma de quesitos (art. 435); e a petição deverá ser apresentada com antecedência suficiente para que os técnicos sejam intimados, pelo menos cinco dias antes da audiência."[(26)]

Todavia, na prática o juiz determina que o perito responda primeiro ao pedido de esclarecimento, para, somente depois, verificar a necessidade da designação de audiência para oitiva do perito.

9.4. Nova perícia

Ao impugnar o Laudo Pericial, a parte deve dizer no que consiste a sua censura. Não basta o simples inconformismo com a conclusão. A parte deve fundamentar as razões de sua irresignação, salvo se estiver nomeado assistente técnico que certamente elaborará o seu parecer.

É muito importante que o perito observe os termos da impugnação visando, se for determinado pelo juiz, complementar o Laudo Pericial ou prestar esclarecimentos.

---

(25) SANTOS, Ernane Fidélis. *Manual de Direito Processual Civil.* vol. 1. São Paulo: Saraiva, p. 451.

(26) THEODORO JÚNIOR, Humberto. *Curso de Direito Processual Civil.* vol. 1. 20. ed. São Paulo: Forense, 1997. p. 482.

A realização de nova perícia, nos termos do art. 480 do NCPC[27], não constitui direito da parte, mas prerrogativa do juiz, no uso de seu douto critério. Cabe exclusivamente ao julgador avaliar a necessidade de realização de nova perícia, caso não se sinta suficientemente convencido, em face dos subsídios técnicos propiciados pela prova pericial existentes nos autos.

Todavia, o julgador não deve contrariar simplesmente a conclusão pericial, sendo que a questão é técnica.

Ademais, se o juízo não declara a nulidade da perícia, ou seja, concorda com o procedimento e a conclusão do seu auxiliar, e não oportuniza ao empregado maiores esclarecimentos, e decide contrário a conclusão do perito, com certeza comete cerceamento do direito de defesa.

Consta no CPC/2015:

> Art. 156. O juiz será assistido por perito quando a prova do fato depender de conhecimento técnico ou científico.
>
> Art. 375. O juiz aplicará as regras de experiência comum subministradas pela observação do que ordinariamente acontece e, ainda, as regras de experiência técnica, ressalvado, quanto a estas, o exame pericial.

Por exemplo. Se o juízo admite que o laudo pericial sub judice concluiu pela existência de nexo de concausalidade entre a patologia dos membros superiores com as atividades na empregadora, e se haviam elementos probatórios nos autos capazes de infirmar a conclusão do perito médico, o juízo deveria ter deferido os quesitos complementares, bem assim a oitiva do perito ou a determinação de nova perícia, evitando assim a decisão surpresa.

O perito se baseia nos elementos médicos e científicos contido nos autos.

O nexo de causalidade é: o vínculo obrigatório estabelecido entre a ocorrência do infortúnio e a lesão sofrida pelo trabalho. É a relação de causa e efeito entre dano e desgraça que o atinge, seja esta proveniente do acidente típico ou por extensão, da doença do trabalho ou do trajeto casa-trabalho e vice-versa. Constitui a relação de causa e efeito entre o evento e o resultado (Cláudio Brandão, Ministro do TST).

---

(27) Art. 480. O juiz determinará, de ofício ou a requerimento da parte, a realização de nova perícia quando a matéria não estiver suficientemente esclarecida.

§ 1º A segunda perícia tem por objeto os mesmos fatos sobre os quais recaiu a primeira e destina-se a corrigir eventual omissão ou inexatidão dos resultados a que esta conduziu.

§ 2º A segunda perícia rege-se pelas disposições estabelecidas para a primeira.

§ 3º A segunda perícia não substitui a primeira, cabendo ao juiz apreciar o valor de uma e de outra.

Em destaque os precedentes:

PROVA PERICIAL – VINCULAÇÃO – QUESTÃO TÉCNICA OU CIENTIFICA – É CERTO QUE O JUIZ NÃO ESTA ADSTRITO AO LAUDO PERICIAL – A perícia e um meio elucidativo e não conclusivo da lide, cabendo ao julgador proferir a decisão, adotando o que satisfizer o seu convencimento, nos termos do artigo 436 do CPC. Por outro lado, porém, sendo necessária a produção de prova técnica, nos termos do parágrafo único do art. 421 do CPC, o juiz não se pode valer de outros dados que não sejam os do laudo. Veja-se o conteúdo do referido parágrafo: o juiz indeferira a perícia quando: I. A prova do fato não depender de conhecimento especial de técnico. Ora, se, por outro lado, o juiz depende do conhecimento do técnico. Tanto e assim, que determinou a perícia. A ele está vinculado. E o que está contido no art. 145 do CPC, no sentido de que, quando a prova do fato depender de conhecimento técnico ou cientifico, o juiz será assistido por perito, segundo o disposto no art. 421, em clara demonstração de que o laudo técnico deve ser respeitado. Na verdade, o art. 436 do CPC não libera o julgador da prova técnica, o que está, inclusive, na parte final do art. 335 do CPC, preceituando, apenas, que o juiz não está adstrito aquele laudo pericial, mas, em última análise, a um laudo, nem que seja o segundo, o terceiro, o quarto..., Tal qual está no art. 437 do mesmo diploma legal. Isso quer dizer que o juiz, determinada a realização de prova pericial, não poderá desprezar o trabalho técnico ou cientifico ali desenvolvido, a não ser que os fatos observados pelo expert não sejam reais, devendo-se realizar nova diligência, observada a verdade fática do tema discutido. O laudo, na questão técnica, e a sentença do processo, mesmo que o julgador, para se convencer disso, determine novas e sucessivas perícias, ficando adstrito, finalmente, a uma delas, ou a um conjunto delas, a teor do art. 131 do CPC. Ref.: art. 189, CLT art. 195, CLT. (TRT 3ª R. – RO 2621/98 – 3ª T. – Rel. Juiz Bolívar Viégas Peixoto – DJMG 04.11.1998 – p. 5)

PROVA PERICIAL – QUESTÃO TÉCNICA – O laudo pericial, por necessidade de analisar questão técnica, a base da decisão judicial, podendo-se dizer que a própria sentença, porque, se obrigatória a realização da perícia, não pode o juiz desprezar conclusões que somente o profissional habilitado tem condições de declarar. Certo que o juiz não está adstrito ao laudo pericial, a teor do art. 436 do CPC, mas, não sendo o trabalho produzido a contento, haverá o magistrado de determinar a produção de outra, o que em última análise, servirá de suporte à conclusão do juízo. (TRT 3ª R. – RO 19389/99 – 1ª T. – Rel. Juiz Bolívar Viégas Peixoto – DJMG 02.06.2000 – p. 8)

SENTENÇA – DESVINCULAÇÃO DO LAUDO – LAUDO PERICIAL – DO NÃO ATRELAMENTO DO JUIZ (ART. 436, CPC) – O comando legal do não atrelamento do juiz ao laudo pericial não significa incentivo a que o julgador substitua o técnico, ainda que tenha conhecimentos especiais (contábil, grafotécnico, etc.). O preparo do juiz em outras áreas dá-lhe a possibilidade de melhor analisar um laudo e indicar possíveis falhas técnicas, o que lhe propiciaria também a possibilidade de elaborar quesitos a qualquer momento, pedindo esclarecimentos ou até mesmo poder determinar a elaboração de nova perícia por outro perito. Não poderá jamais substituir o perito, impondo as suas conclusões contrárias ao trabalho técnico, já que estaria instaurada espécie de ditadura jurisdicional onde até os juízes do tribunal estariam sujeitos à conclusão do julgador primário. A conclusão técnica é do perito, não do juiz. (TRT 2ª R. – RO 02990203090 – (Ac. 20000189434) – 5ª T. – Rel. Juiz Francisco Antonio de Oliveira – DOESP 12.05.2000)

Registre-se que o juízo deve observar e garantir os direitos constitucionais do devido processo legal, do contraditório, da ampla defesa e dos meios inerentes.

9.5. Comparecimento do perito em juízo

A parte tem o direito de postular ao juiz que o perito compareça à audiência, a fim de prestar depoimento. A atitude também pode ser determinada pelo juiz, independentemente do pedido das partes.

Se o perito for intimado, é obrigado a comparecer à audiência, podendo ser aplicada multa pelo ato de omissão.

Entretanto, por conta da política jurisdicional, dificilmente o juiz determina o comparecimento e a oitiva do seu auxiliar. É muito raro que o juiz determine a oitiva do perito. Tal atitude fere de morte os princípios constitucionais do acesso à Justiça, do devido processo legal, dentre outros. O fato do juiz ser o diretor do processo não lhe garante a propriedade do processo.

Veja os julgados:

> RECURSO DE REVISTA. Cerceamento do direito de defesa — Desentranhamento do laudo do assistente técnico e indeferimento da oitiva do perito judicial em audiência para complementação de informações (violação aos arts. 5º, LV, da CF/88, 177, 183, 433, parágrafo único, e 435 do CPC e divergência jurisprudencial). Não há que se falar em cerceamento do direito de defesa pelo desentranhamento do laudo técnico do assistente juntado aos autos de forma intempestiva, sem observância do prazo previsto no art. 3º, parágrafo único, da Lei n. 5.584/70, e nem do indeferimento de oitiva do perito judicial em audiência, se o julgador conferiu à parte ampla oportunidade para indagação do expert, que inclusive apresentou laudo pericial complementar, estando correto o entendimento segundo o qual o indeferimento de provas, por si só, não constitui cerceamento de defesa quando há nos autos outros elementos probantes capazes de conduzir o julgador à conclusão acerca dos pleitos formulados, permitindo-lhe proferir a decisão. Isso está consagrado no ordenamento jurídico, no art. 130 do CPC. Recurso de revista não conhecido. Indenização por dano moral — Acidente de trabalho (violação ao art. 7º, XXVIII, da CF/88). Decide em perfeita consonância com os arts. 186 e 927 do CC/2002, e parte final do art. 7º, XXVIII, da CF/88, o tribunal regional que mantém a condenação do empregador consignando expressamente que... Materializado o nexo de causalidade e a culpa da ré e evidenciada a existência de dano permanente, impõe-se a manutenção do julgado, que reconheceu a responsabilidade civil subjetiva da empresa ré.... Recurso de revista não conhecido. Indenização por dano moral – Acidente de trabalho – Valor da condenação (R$ 10.000,00) (divergência jurisprudencial). Não se conhece de recurso de revista por divergência jurisprudencial, por incidência da Súmula n. 296 desta corte, quando os arestos paradigmas revelam-se inespecíficos. Recurso de revista não conhecido. Pagamento de pensão — Constituição de capital (violação aos arts. 475-Q do CPC, 769, 880 e 882 da CLT). Decide em perfeita consonância com o art. 475-Q da CLT, a decisão que determina a constituição de capital para assegurar o pagamento da pensão vitalícia a qual foi condenado o empregador. Recurso de revista não conhecido. (Tribunal Superior do Trabalho TST; RR 121400-65.2006.5.12.0016; Segunda Turma; rel. Min. Renato de Lacerda Paiva; DEJT 20.4.2012; p. 992)

PROCESSUAL CIVIL. EMBARGOS DE DECLARAÇÃO. OMISSÃO E OBSCURIDADE SANADAS. PERÍCIA TÉCNICA REALIZADA. CERCEAMENTO DE DEFESA NÃO CARACTERIZADO. 1. Os embargos de declaração afiguram-se instrumento processual adequado para sanar as contradições, obscuridades ou omissões, bem como corrigir eventuais erros materiais. 2. A prova pericial somente foi realizada em feito conexo (anulatória), e utilizada nestes embargos à execução fiscal como prova emprestada (cópia da perícia nos autos). O julgado partiu de premissa equivocada, de que inexistiu a prova pericial requerida pela ora embargada. 3. Se a parte interessada não requer a intimação do perito para comparecimento a audiência de instrução, tampouco formula quesitos para os quais pretende esclarecimento do expert (art. 435 do CPC), dispensável a realização de audiência de instrução e julgamento. 4. Embargos de declaração opostos pela união acolhidos, com efeitos infringentes, para sanar a omissão apontada e negar provimento à apelação. (TRF 01ª R.; Proc. 0043353-67.1996.4.01.0000; BA; Oitava Turma; relª. Desª. Fed. Maria do Carmo Cardoso; Julg. 5.12.2011; DJF1 3.2.2012; p. 10)

Capítulo X

Perícia no Acidente de Trabalho

No presente Capítulo, será abordada a questão da prova pericial nos acidentes de trabalho de maneira prática e objetiva. Não há pretensão de enfrentar pontos de conhecimento técnico daqueles que atuam na área do cumprimento das normas de segurança e medicina do trabalho (Médicos do Trabalho; Fisioterapeutas etc.), mas, sim, de trazer para discussão e reflexão o que acontece na prática quando as partes e o próprio julgador deparam com a necessidade da realização da prova técnica, isto é, *a vistoria do local de trabalho e o exame médico*.

No dizer de Alexandre de Paula[28], "*As provas judiciárias e circunstanciais continuam admitidas no processo, como meios lógicos a serviço do Juiz, que lhes dará a valoração devida, aplicando as regras da experiência* (CPC art. 335)"[29].

10.1. Conceito de perícia

Para Moacyr Amaral Santos[30], a perícia consiste "*no meio pelo qual, no processo, pessoas entendidas e sob compromisso, verificam fatos interessantes à causa, transmitindo ao Juiz o respectivo parecer*".

10.2. Código de Ética Pericial

Importante que se consigne a análise do Instituto "*Del Piccha*" acerca do procedimento pericial:

> O Perito de documentos (documentólogo ou documentóscopo), ou de qualquer outra especialidade, não deve esquecer que:
>
> I – Não é Juiz: por conseguinte, não lhe é facultado oferecer conclusões sem fundamentá-la tecnicamente;

(28) PAULA, Alexandre de. *Código de Processo Civil anotado.* 7. ed. São Paulo: RT, 1998. p. 1.599.

(29) MANHABUSCO, José Carlos; CAMARGO, Amanda. *A inversão da prova no processo do trabalho* — Teoria da distribuição dinâmica do ônus da prova. São Paulo: LTr, 2013.

(30) SANTOS, Moacyr Amaral. *Primeiras linhas de Direito Processual Civil.* 2. vol. 7. ed. São Paulo: Saraiva, 1982. p. 474.

II – Não é testemunha: assim não pode basear seu pronunciamento naquilo que ouviu ou lhe foi confessado;

III – Apura fatos físicos, com imparcialidade e acuidade, demonstrando ou comprovando-os, devidamente, sempre que possível;

IV – Analisa e coordena esses fatos, à luz de sua experiência técnica e de seus conhecimentos científicos;

V – Redige seus laudos com métodos, precisão e clareza, sem esquecer que serão apreciados por pessoas de nível universitário, mas não por especialistas na matéria;

VI – Não se deixa influenciar por injunções políticas, familiares e de amigos, ou outras de natureza subalterna;

VII – Não omite ou silencia sobre fatos que, aparentemente, possam enfraquecer a força da conclusão pericial, explicando-se ou justificando-os, sempre que possível, mesmo que não tenham sido objeto de quesitos;

VIII – Pleiteia remuneração condigna para seu trabalho, sem estimativa exagerada e sem permitir seu aviltamento;

IX – Aceita como contingência natural de luta judiciária as críticas e contribuições que forem feitas ao seu lado, desde que se trate de ponderações de ordem técnica;

X – Não recusa encargo judiciário, a não ser por motivos relevantes, de natureza técnica, legal ou ética.

No Tempo e no Espaço.

a) José Del Picchia Filho

b) Celso Mauro Ribeiro Del Picchia

10.3. Laudo pericial ou parecer

Ainda se abeberando dos conhecimentos dos autores Antonio Buono Neto e Elaine Arbex Buono(31), a estrutura do Laudo pericial ou do Parecer deve conter:

1. Preâmbulo: onde deve constar a qualificação da autoridade que faz a consulta e a do parecerista, constando seus títulos, o número do processo e da vara cível ou criminal correspondente;

---

(31) BUONO NETO, Antonio; BUONO, Elaine Arbex. *Perícias judiciais na Medicina do Trabalho*. São Paulo: LTr, 2001. p. 65.

2. Exposição: informar o motivo da consulta, os quesitos formulados e o histórico do caso a ser analisado. O parecerista deve transcrever os quesitos e fazer um resumo cronológico dos fatos e dos demais elementos dos autos;

3. Discussão: é a parte do parecer mais importante e mais rica, isto é, a demonstração do parecerista quanto à capacidade de análise e poder de argumentação. Na Discussão são apontados os pontos falhos da perícia, de modo sereno e sem excessos de linguagem para não ir de encontro à ética;

4. Conclusão: deve sintetizar os pontos relevantes da discussão de modo claro e sucinto.

5. Depoimento Oral: tanto durante a fase de instrução como durante o julgamento e mesmo após este, os peritos podem ser chamados para prestar esclarecimentos sobre o que viram e descreveram. Comparecendo perante a autoridade judiciária, o perito deve responder às perguntas a ele dirigidas por qualquer uma das partes como também pelo próprio juiz. Termos técnicos devem ser seguidos de explicação.

Na visão dos referidos doutrinadores, o objetivo da perícia pode ser divido em 5 itens de suma importância que são:

1. Que a perícia esclareça as dúvidas, estabelecendo a verdade, demonstrando tecnicamente a existência ou não da causa alegada.

2. Que a conclusão seja fundamental em dados coerentes e precisos, sem deixar dúvidas.

3. Que tenha termos na sua elaboração, os quais sejam entendidos por leigos.

4. Que a prova técnica seja irrefutável, para fundamentar a sentença pelos srs. Juízes.

5. Que tenha qualidade técnica invulnerável a impugnações tanto no campo técnico como jurídico[(32)].

10.4. Perito X testemunha

Em especial, frise-se que o perito não é testemunha, nem tampouco se confunde com ela. A doutrina elenca inúmeras diferenças entre o perito e a testemunha. De se ressaltar que *"O perito, contudo, não se confunde com a testemunha; embora ambos sejam terceiros na relação jurídica processual, o primeiro relata fatos do presente, enquanto o segundo versa fatos pretéritos"*[(33)].

(32) BUONO NETO, Antonio; BUONO, Elaine Arbex. *Perícias judiciais na Medicina do Trabalho.* São Paulo: LTr, 2001. p. 71.

(33) TEIXEIRA FILHO, Manoel Antonio. *A prova no processo do trabalho.* 5. ed. São Paulo: LTr, 1993. p. 244.

Aqui cabe a seguinte observação. Realmente temos visto o auxiliar do juízo se tornar um investigador de fatos que não são objeto da prova pericial. Quando o juízo determina a realização da prova pericial após a audiência de instrução, o perito deve se ater ao que foi determinado, bem como observar o que consta na ata de audiência, especialmente os fatos indicados e comprovados pelas testemunhas.

Se o perito resolve investigar os fatos que já estão comprovados pela prova oral, logicamente que estará afrontando o *Princípio Constitucional do Contraditório*, pois a parte não poderá se manifestar durante a diligência (tempestivamente), mas somente após a conclusão pericial, sem a garantia de que será determinado a sua oitiva ou esclarecimentos.

Esse comportamento causa sérios prejuízos à parte.

Veja os julgados:

RECURSO ORDINÁRIO. PERITO. SUSPEIÇÃO. LAUDO INSUBSISTENTE. NULIDADE PROCESSUAL RECONHECIDA. REABERTURA DA INSTRUÇÃO PROCESSUAL. O perito é um auxiliar da justiça, devendo manter o mesmo grau de imparcialidade que se exige do magistrado. Portanto, não pode se deixar levar por motivos outros, que não a análise isenta da contenda. Nesse contexto, há configuração da suspeição do perito, quando o laudo, ao analisar as dúvidas específicas do reclamante, traz texto passional, repleto de sinais de exclamação, interrogação e aspas, com destaques da fonte em caixa alta, negrito, itálico e cor vermelha, ficando nítido o tom irônico e tendencioso. Reforça essa certeza a constatação de que, em processos anteriores, os laudos do experto são invariavelmente desfavoráveis aos respectivos reclamantes, tendo um dos obreiros, inclusive, arguido preliminar de suspeição, por suposto envolvimento do perito com a empresa demandada naquele feito. Preliminar de nulidade reconhecida, para se determinar a reabertura da instrução processual, vedando-se a designação de perito que já atuou na reclamatória. (TRT 13ª R.; RO 30000-37.2011.5.13.0025; rel. Des. Wolney de Macedo Cordeiro; DEJTPB 13.8.2012; p. 7)

NULIDADE PROCESSUAL. Há manifesto prejuízo à parte quando não há decisão sobre a exceção de suspeição do perito que elaborou o laudo acolhido pela decisão. (TRT 02ª R.; RO 0214400-68.2006.5.02.0026; Ac. 2012/0161332; Terceira Turma; relª. Desª. Fed. Silvia Regina Pondé Galvão Devonald; DJESP 24.2.2012)

PERITO JUDICIAL. ARGUIÇÃO DE SUSPEIÇÃO. Arguida em juízo a suspeição do perito judicial na primeira oportunidade dada à parte para se manifestar nos autos e, restando comprovado que o autor compareceu na data, hora e local designados para a perícia — Fato inclusive consignado em sentença — tendo aquela ocorrido sem a presença do reclamante, impõe-se o acolhimento da preliminar de negativa de prestação jurisdicional, determinando o retorno dos autos à origem, para a devida apuração dos fatos. (TRT 03ª R.; RO 138500-46.2009.5.03.0091; relª. Juíza Conv. Maria Cristina D. Caixeta; DJEMG 30.7.2012; p. 201)

10.5. Regras de experiência comum (inaplicabilidade)

Na busca da solução justa (princípio da primazia da realidade), pode e deve o juiz cercar-se das máximas das experiências comuns, adquiridas na vida pelo que ordinariamente acontece. Todavia, o art. 375 do NCPC, em sua parte final, ressalta o exame pericial[(34)].

Isso significa dizer que o juiz encontra limite no conhecimento técnico ou científico, na medida em que também não pode se comportar como testemunha. O fato público e notório não se confunde com aquele que necessita ser provado.

Veja os julgados:

AGRAVO LEGAL EM AGRAVO LEGAL EM AGRAVO DE INSTRUMENTO. FORMAÇÃO DA CONVICÇÃO DO JUIZ. PERÍCIA TÉCNICA. ART. 145, *CAPUT*, CPC. 1. Com efeito, ultrapassado o limite estabelecido no art. 335 do Código de Processo Civil, que autoriza ao juiz valer-se de "regras de experiência técnica", é obrigatório ao juiz fazer-se auxiliar por perícia técnica para formar sua convicção, nos termos do disposto no art. 145, *caput*, do Código de Processo Civil. 2. No presente caso, faz-se necessário que o juízo se auxilie da perícia técnica, órgão qualificado a assistir a tomada de decisão do juiz e amparar o direito à produção de prova das partes. 3. Agravo legal ao qual se nega provimento. (TRF 03ª R.; AL-AI 0027693-51.2011.4.03.0000; SP; Primeira Turma; relª. Desª. Fed. Vesna Kolmar; Julg. 5.6.2012; DEJF 18.6.2012; p. 296)

PROVA PERICIAL. PERITO COMO AUXILIAR DO JUÍZO. ARTS. 436 E 139 DO CPC. Em que pese o art. 436 do CPC dispor que o juiz não está adstrito às conclusões de perícia técnica, somente é possível desconsiderá-las diante da absoluta incongruência com os demais elementos dos autos ou diante da produção de prova notadamente robusta, em especial, prova técnica de igual magnitude. Por mais que o julgador não esteja atrelado às inferências apostas no laudo pericial, quando inexiste nos autos elementos outros que o autorizem formar convicção diversa da ilação a que chegou o experto, as considerações apontadas pelo perito devem ser levadas em conta, já que este funciona como auxiliar do juízo, conforme art. 139 do CPC. Recurso ordinário do autor a que se nega provimento. (TRT 09ª R.; Proc. 00968-2009-655-09-00-0; Ac. 10884-2011; Primeira Turma; rel. Des. Ubirajara Carlos Mendes; DJPR 25.3.2011)

10.6. Prova emprestada (exceção)

É evidente que, se constar nos autos prova técnica e/ou documental, legalmente produzida, trazida pelas partes ou de outro feito, pode o juiz, com a concordância das partes, aceitá-la como prova emprestada.

Em que pese o exame pericial, em princípio, se obrigatório nas questões técnicas, parece ter inegável mérito a decisão, evitando assim o retardamento à solução do conflito com a produção de prova já realizada.

A matéria é controvertida, sendo que a questão no nosso humilde pensar há de ser analisada e deliberada caso a caso.

(34) Art. 375. O juiz aplicará as regras de experiência comum subministradas pela observação do que ordinariamente acontece e, ainda, as regras de experiência técnica, ressalvado, quanto a estas, o exame pericial.

De qualquer forma não se pode admitir a prova emprestada sem que às partes sejam intimadas para se manifestar quanto a sua admissão e o seu conteúdo. É o respeito ao *Princípio Constitucional do Contraditório*.

Veja os julgados:

ADMISSIBILIDADE NEGATIVA. INTERVALO DO ART. 253 DA CLT. SÚMULA N. 6 DESTE TRIBUNAL E SÚMULA N. 438 DO TST. ART. 557 DO CPC. EM FACE DO TEOR DA SÚMULA N. 06 DESTE TRIBUNAL E DA SÚMULA N. 438 DO TST, AMBAS NO SENTIDO DE QUE O INTERVALO PREVISTO NO ART. 253 DA CLT DEVE TAMBÉM SER CONCEDIDO SEMPRE QUE O EMPREGADO TRABALHAR EM LOCAL ARTIFICIALMENTE FRIO, IMPÕE-SE A INADMISSIBILIDADE DO APELO DA RÉ, EM QUE SE LIMITA A CONTRARIAR O ENTENDIMENTO SUMULADO, NOS TERMOS DO ART. 557 DO CPC. RECURSO DA RÉ NÃO CONHECIDO NESTE ASPECTO. INADMISSIBILIDADE. REFLEXOS DO INTERVALO INTRAJORNADA. BASE DE CÁLCULO DO ADICIONAL DE INSALUBRIDADE. AUSÊNCIA DE INTERESSE RECURSAL. O apelo da ré não merece ser conhecido quanto aos tópicos em destaque, ante a ausência de interesse recursal. Não houve condenação a título de reflexos de intervalo intrajornada e com relação à base de cálculo do adicional de insalubridade, a sentença adotou o parâmetro pretendido no recurso. Apelo patronal não conhecido, no particular. Doença ocupacional. Responsabilidade civil. Ausência de culpa. Reparação indevida. Afastada a aplicação da teoria da responsabilidade civil objetiva, para a condenação do agente causador do dano acidentário, via de regra, devem ficar provados nos autos os danos advindos do acidente ou da moléstia; o nexo causal entre o dano e a atividade laborativa e, por fim, a culpa do empregador. No caso, não se vislumbra do arcabouço probatório a existência de culpa patronal. Dessa forma, não há falar em responsabilização da ex-empregadora pelos danos morais e materiais pleiteados. Recurso patronal provido para expungir a condenação à paga de reparação por danos morais e danos materiais, ficando, por corolário, prejudicado o exame dos demais pedidos recursais atinentes a essas matérias. Adicional de insalubridade. Ambiente artificialmente frio. Constatada por laudo pericial, coligido ao feito como prova emprestada, assim como em trabalho produzido pelo sistema de inspeção federal, a ação de agente insalubre, sem comprovação da devida neutralização, nos termos do Anexo 9 da NR-15 da Portaria n. 3.214/78, é devido ao autor o adicional de insalubridade e respectivos reflexos, conforme deferido em sentença. Recurso patronal ao qual se nega provimento. Horas extras. Cartões de ponto apócrifos e banco de horas. Validade. Prorrogação de jornada. Local insalubre. Aplicação do art. 60 da CLT. 1. A apocrifia dos registros eletrônicos de horário não se revela suficiente, por si só, para retirar. Lhes a validade, por ausência de previsão legal de sua obrigatoriedade, conforme o disposto no art. 74, § 2º da CLT e Portaria n. 3.626 de 13.11.1991 do Ministério do Trabalho. Assim, reputam-se válidos os espelhos de ponto apócrifos acostados à defesa para efeitos de comprovação da jornada praticada pelo obreiro, à míngua de prova em contrário. 2. A despeito de constar nos acordos coletivos jungidos aos autos previsão de compensação mensal das horas extras laboradas, uma vez reconhecido que no decorrer do vínculo o autor se ativou em ambiente insalubre, era necessária a observância ao disposto no art. 60 da CLT, o qual estabelece a obrigatoriedade da licença prévia das autoridades competentes em matéria de higiene do trabalho para entabular qualquer prorrogação de jornada. Não havendo nos autos notícia dessa permissão, o pacto celebrado entre as partes deve ser considerado inválido. Diante deste contexto, são devidas horas extras a contar da 8ª diária e 44ª semanal, de forma não cumulativa, consoante deferido na sentença, observando-se, no entanto, que deverão ser apuradas com base nos cartões de ponto juntados aos autos, mesmo apócrifos, sendo mantida a jornada fixada pelo julgador primário apenas para os períodos desprovidos de controle de horário nos autos. Apelo patronal parcialmente provido. (TRT 23ª R.; RO 0000357-18.2012.5.23.0026; Segunda Turma; relª Desa Beatriz Theodoro; DEJTMT 24.9.2013; Pág. 38)

RESTRIÇÃO DO DIREITO DE PRODUÇÃO DE PROVA. PROVA PERICIAL EMPRESTADA. AUSÊNCIA DA PARTE AUTORA À PERÍCIA Ao anuir com a adoção de prova emprestada, a autora assumiu todos os ônus decorrentes da realização da prova naqueles autos. Não pode se socorrer da alegada nulidade decorrente unicamente do seu próprio comportamento processual, de deixar de comparecer à perícia médica. Desnecessária intimação pessoal, eis que a autora encontra-se representada por advogado constituído nos autos, de modo que as intimações dos atos processuais ocorrem por seu intermédio. Era obrigação da autora atuar com diligência, na condição de parte, nos autos em que seria produzida a prova, sob pena de arcar com as consequências tanto naquele feito, como em qualquer outro em que tenha concordado com a adoção da prova por empréstimo. A discussão sobre eventual nulidade da perícia haveria que ocorrer nos autos de origem da prova. Se a autora perdeu a oportunidade probatória, não pode pretender reavê-la nestes autos, a que a prova viria por empréstimo. Incide o instituto da preclusão, na medida em que a autora perdeu faculdade processual relativa à prova pericial. (TRT 09ª R.; Proc. 00893-2011-069-09-00-6; Ac. 25725-2012; Segunda Turma; relª. Desª. Ana Carolina Zaina; DJPR 12.6.2012)

CERCEAMENTO DE DEFESA. PROVA EMPRESTADA. JUÍZO CÍVEL. Em face do objetivo precípuo da prova, que é a formação da convicção do julgador, é permitida a utilização da prova emprestada, desde que seja possibilitado o exercício do contraditório. No caso, o tribunal regional consignou que o laudo técnico produzido em outra ação tem como objeto a mesma situação fática e que a próprio demandada, em sua defesa (fl. 30), requereu que o autor fosse submetido à perícia médica junto ao departamento médico judiciário, no tribunal de justiça do estado, o que vem apenas conferir credibilidade e isenção ao trabalho técnico apresentado (grifos no original, fls. 251). Assim, o tribunal de origem, ao fundamentar a decisão no laudo proveniente da ação junto ao INSS, de lavra do médico do departamento médico judiciário (fls. 250), assegurando que a reclamada, em defesa, teria requerido que o reclamante se submetesse à perícia daquele departamento, não incorreu em violação a literalidade dos arts. 5º, incs. LIV e LV, da Constituição da República, 794 e 795 da CLT. Prescrição. Indenização por danos morais e materiais decorrentes de acidente do trabalho. A prescrição aplicável, nos casos de pedidos decorrentes de acidente do trabalho, deve ser vista levando-se em consideração a data do evento danoso, se antes ou depois da Emenda Constitucional n. 45/2004. Isso porque somente após a vigência da Emenda Constitucional n. 45/2004 é que se reconheceu a competência da justiça do trabalho para processar e julgar as ações de reparação por danos materiais, morais e estéticos oriundos de acidentes de trabalho ou doenças profissionais. Danos morais. Doença ocupacional. Nexo causal. Em regra, o exame do pedido de indenização por danos morais se dá à luz da responsabilidade subjetiva, pois é imprescindível a comprovação da culpa do empregador. No caso, o tribunal regional, com base no acervo probatório, concluiu que restou provada a culpa da reclamada, surgindo então o dever de indenização. Dessa forma, mantém-se a condenação ao pagamento de indenização por danos morais. Danos morais. Indenização. Valor. Na hipótese dos autos, os fundamentos da decisão recorrida não autorizam concluir que houve ofensa aos princípios da proporcionalidade e razoabilidade. Honorários assistenciais. Condições para deferimento no processo do trabalho. Contrariedade à Súmula n. 219 do TST demonstrada. Segundo a diretriz da Súmula n. 219 do TST, na justiça do trabalho, a condenação ao pagamento de honorários assistenciais não decorre da sucumbência; deve a parte estar assistida por sindicato de sua categoria profissional e comprovar a percepção de salário inferior ao dobro do mínimo legal ou encontrar-se em situação econômica que não lhe permita arcar com as despesas processuais sem prejuízo do próprio sustento ou de sua família. Honorários periciais. Assistência Judiciária Gratuita. Tendo o tribunal regional revertido a sucumbência e consignado a existência de declaração de pobreza, descabe o argumento de que o reclamante deve arcar com o pagamento dos honorários periciais. Descontos previdenciários e de imposto de renda. Aresto oriundo do STJ não atende ao disposto na alínea a do art. 896 da CLT. Juros e correção monetária. O recurso de revista está desfundamentado, à luz do art. 896 da CLT, porque não há indicação de ofensa a dispositivo de Lei nem transcrição de julgado para aferição da divergência jurisprudencial. Recurso de revista de que se conhece em parte e a que se dá provimento. (Tribunal Superior do Trabalho TST; RR 256800-10.2005.5.04.0404; Quinta Turma; rel. Min. João Batista Brito Pereira; DEJT 5.8.2011; p. 1.461)

PROVA PERICIAL. IMPOSSIBILIDADE. MEIOS PROBATÓRIOS. ÔNUS. A prova genuína para caracterização da doença profissional é a perícia médica, muitas vezes dependente da prévia vistoria no local de trabalho. A impossibilidade desse exame não inverte o ônus processual, competindo ao reclamante demonstrar a validade da tese apresentada. Para isso, pode se valer de todos os meios probatórios em direito admitido, tais como a prova testemunhal e emprestada, mas esta deve ser consubstanciada em documentos pertinentes ao mesmo objeto da lide. O acolhimento da pretensão depende da viabilidade em se extrair que a lesão verificada decorre das tarefas desenvolvidas habitualmente pelo trabalhador quando em atividade. Recurso desprovido. (TRT 02ª R.; RO 0451000-27.2006.5.02.0084; Ac. 2011/0702675; Oitava Turma; rel. Des. Fed. Rovirso Aparecido Boldo; DJESP 6.6.2011)

10.7. Acidente tipo ou típico

O acidente tipo ou típico já se encontra definido na norma legal, isto é, art. 2º da Lei n. 6.367/76[35] e art. 19 da Lei n. 8.213/91[36].

A sua ocorrência é de forma súbita, imprevista. Por se tratar de acidente típico, apresenta peculiaridade marcante, isto é, o fato danoso colhe o trabalhador de maneira repentina, sem que lhe sejam oferecidas condições para evitá-lo. O acidente de percurso é um exemplo.

No entanto, o procedimento judicial será também a investigação dos elementos caracterizadores da responsabilidade civil (dano — nexo — culpa).

---

(35) Art. 2º. Acidente de trabalho é aquele que ocorre pelo exercício do trabalho a serviço da empresa, provocando lesão corporal ou perturbação funcional que cause a morte, ou a perda ou redução, permanente ou temporária, da capacidade para o trabalho.

(36) Art. 19. Acidente do trabalho é o que ocorre pelo exercício do trabalho a serviço da empresa ou pelo exercício do trabalho dos segurados referidos no inciso VII do art. 11 desta Lei, provocando lesão corporal ou perturbação funcional que cause a morte ou a perda ou redução, permanente ou temporária, da capacidade para o trabalho.

Necessário que se enfatize a referida modalidade, pois se encontra inserida no gênero acidente de trabalho. Na prática, a investigação dos acontecimentos e seus efeitos não são difíceis de serem avaliados.

10.8. Doença ocupacional (efeitos jurídicos equiparados ao acidente do trabalho)

Em forma idêntica, o acidente de trabalho (doença ocupacional) recebeu maiores digressões em outro Capítulo. Aqui, apenas se fará alusão à espécie, em face da sistematização aplicada.

A legislação não trata a doença ocupacional com mais ou menos importância. Ocorre que a doença ocupacional é objeto de estudo de maior complexidade.

A causa e os efeitos implicam pesquisas científicas aprofundadas e diversificadas por conta do ordenamento jurídico esparso.

A avaliação dos pressupostos ensejadores do reconhecimento da responsabilidade passa por fases diversas e de análise de difícil compreensão. O dano pode ser visto como a única coisa palpável no início. Porém, para se chegar aos demais fatores (ato ilícito; nexo de causalidade; culpa) o caminho é espinhoso.

O fato é que há certa diferença na investigação do acidente tipo e da doença ocupacional[(37)].

---

(37) MANHABUSCO, José Carlos; CAMARGO, Gianncarlo. *Responsabilidade civil objetiva do empregador decorrente de acidente do trabalho e do risco da atividade*. 2. ed. São Paulo: LTr, 2010. p. 32-38.

Capítulo XI

Saneamento Processual. Princípio da Participação do Magistrado. Atuação Colaborativa. Diretrizes. Avaliação. Questão Procedimental. Exame da Prova Documental

O grande entrave na apreciação da pretensão é exatamente o encaminhamento na produção da prova dos fatos constitutivos alegados na inicial e os fatos extintivos, impeditivos ou modificativos eventualmente aduzidos na defesa.

Aí reside o maior desafio do Juízo.

Isso porque a decisão não pode ser entregue aos auxiliares do Juízo, mas, sim, ao poder discricionário afeto ao próprio Juízo. Não é o caso de possuir ou não conhecimento técnico na área objeto da perícia judicial. A situação é da análise da prova documental existente nos autos.

O Juízo pode e deve ter a leitura dos exames de saúde admissional, periódico, de retorno, demissional e médicos, bem assim atestados, afastamento, consultas, receitas etc.

Não pode o Juízo descuidar do contido nos programas obrigatórios em medicina do trabalho. A perícia judicial é complementar, elucidativa, mas jamais pode ser a única prova a ser respeitada e utilizada pelo Juízo para servir de sustentação na prolação da decisão.

A dicção do art. 479 do NCPC faculta ao Juízo formar a sua convicção com outros fatos e demais elementos provados nos autos (a prova documental é um desses elementos).

A oração do art. 480 do NCPC também faculta ao Juízo determinar nova perícia a requerimento da parte (o argumento do livre convencimento motivado/persuasão racional do destinatário da prova — do diretor do processo, do poder discricionário — não pode ser utilizado para cercear a produção da prova).

Aliás, tal procedimento acaba por impedir a contraprova, pois não admite a realização de novas diligências. A questão é de caráter processual.

Vejamos o exemplo das informações trazidas pelo Atestado de Saúde Ocupacional (ASO):

✓ Em que local foi realizado o ASO admissional?

✓ Quem examinou a autora na realização do ASO admissional?

✓ De quem é a responsabilidade pela realização e pelo resultado do exame de saúde admissional?

✓ No exame de saúde admissional constam os riscos físicos, químicos, biológicos e fatores e agentes de riscos ergonômicos que a autora estaria exposta na função contratada?

✓ Esses riscos, fatores e agentes de riscos de natureza ocupacional estão relacionados diretamente com a Classificação Nacional da Atividade Econômica (CNAE) da ré?

✓ Os fatores e agentes de riscos de natureza ocupacional estão relacionados diretamente com a Classificação Internacional de Doenças (CID)?

✓ Os fatores e agentes de riscos de natureza ocupacional estão relacionados diretamente com a Classificação Internacional de Funcionalidade (CIF)?

✓ Os fatores e agentes de riscos de natureza ocupacional estão relacionados diretamente com o Nexo Técnico Epidemiológico (NTEP)?

✓ Como foi considerado o estado de saúde da autora por ocasião do exame de saúde admissional?

✓ Há no exame de saúde admissional da autora anotação de alguma limitação ou restrição para o exercício do cargo contratado?

As informações podem e devem ser observadas e utilizadas pelo auxiliar do Juízo. Entretanto, o Juízo também deve observar e utilizar as informações encontradas e citadas no Atestado de Saúde Ocupacional.

O teor dos documentos juntados pode demonstrar a exposição aos fatores e agentes de risco do tipo: ergonômico (posturas inadequadas, gestos repetitivos, cobrança de produção, tensões emocionais etc.); ambiente insalubre (frio; ruídos etc.); jornada extraordinária etc.

Nesse ponto, o Juízo pode refletir e estabelecer o seguinte silogismo:

1ª Premissa: se a Classificação Nacional de Atividade Econômica (CNAE) é de RISCO GRAVE (grau III) para a ocorrência de acidentes.

2ª Premissa: e no PPRA consta a exposição aos fatores e agentes de RISCO DE NATUREZA OCUPACIONAL, ou seja, geradores e causadores de doenças.

Conclusão: logo, a presunção da probabilidade da ocorrência de doenças é clara e evidente.

A presunção como meio de prova também está contemplada tanto no Código Civil (art. 2.128, IV) como no Novo Código de Processo Civil (art. 373, § 3º: I e II e art. 374, IV), senão vejamos:

> Art. 212. Salvo o negócio a que se impõe forma especial, o fato jurídico pode ser provado mediante:
>
> IV – presunção;
>
> Art. 373. O ônus da prova incumbe:
>
> I – ao autor, quanto ao fato constitutivo de seu direito;
>
> II – ao réu, quanto à existência de fato impeditivo, modificativo ou extintivo do direito do autor.
>
> § 1º Nos casos previstos em lei ou diante de peculiaridades da causa relacionadas à impossibilidade ou à excessiva dificuldade de cumprir o encargo nos termos do *caput* ou à maior facilidade de obtenção da prova do fato contrário, poderá o juiz atribuir o ônus da prova de modo diverso, desde que o faça por decisão fundamentada, caso em que deverá dar à parte a oportunidade de se desincumbir do ônus que lhe foi atribuído.
>
> § 2º A decisão prevista no § 1º deste artigo não pode gerar situação em que a desincumbência do encargo pela parte seja impossível ou excessivamente difícil.
>
> § 3º A distribuição diversa do ônus da prova também pode ocorrer por convenção das partes, salvo quando:
>
> I – recair sobre direito indisponível da parte;
>
> II – tornar excessivamente difícil a uma parte o exercício do direito.
>
> § 4º A convenção de que trata o § 3º pode ser celebrada antes ou durante o processo.
>
> Art. 374. Não dependem de prova os fatos:
>
> (...)
>
> IV – em cujo favor milita presunção legal de existência ou de veracidade.

A Medicina Baseada nas Evidências (MBE) é uma ferramenta que poderá ser observada pelo Juízo.

A Classificação Internacional de Funcionalidade, Incapacidade e Saúde (Tabela CIF) adotada pela Organização Mundial de Saúde é uma ferramenta que pode e deve ser utilizada como parâmetro.

Vejamos o que nos apresenta, em sede de Princípios Gerais do Direito e da analogia, aplicáveis por outorga da dicção do art. 8º da CLT, o que decorre da leitura e exegese do art. 13º, § 2º, do Código Penal:

a) a empregadora tem a obrigação de cuidar, vigiar e proteger a higidez física do empregado (higiene, segurança, saúde etc.);

b) a empregadora assumiu a responsabilidade de impedir o dano à saúde do empregado (medicina do trabalho);

c) a empregadora criou o risco da ocorrência da doença-acidente de trabalho por equiparação (atividade e função de risco de Grau III – grave).

A verdade é que nem a eventual doença de origem degenerativa e/ou preexistente pode eximir a empregadora de toda e qualquer responsabilidade sobre os danos dela decorrentes.

Ademais, o Novo Código Civil acabou por consagrar três cláusulas gerais de responsabilidade objetiva:

1ª. Da conjugação da oração dos arts. 927 e 187 que define o abuso de direito quando ocorre excesso manifesto aos limites impostos pelo seu fim econômico ou social, pela boa-fé ou pelos bons costumes;

2ª. A oração do parágrafo único do art. 927 trata da obrigação de reparar o dano independentemente de culpa, sendo que o art. 14 do CDC também ampara a sua aplicação;

3ª. A dicção do art. 931 preceitua que, ressalvados outros casos previstos em lei especiais, deve ser aplicada a responsabilidade independentemente de culpa — exegese do art. 12 do CDC.

Capítulo XII

Estudos do Comitê Gestor Nacional do Programa Trabalho Seguro do Tribunal Superior do Trabalho — Divulgação dos Resultados do 1º Fórum Virtual sobre Perícias Judiciais — Programa Nacional de Prevenção de Acidente de Trabalho — Curso de Formação Continuada

Tendo como norte divulgar e enaltecer o trabalho que vem sendo realizado pelo Comitê Gestor Nacional do Programa Trabalho Seguro do Tribunal Superior do Trabalho, aproveitamos a oportunidade para transcrever o resultado do 1º Fórum Virtual sobre perícias judiciais realizado no período de 12 de novembro a 13 de dezembro de 2012, conforme consta na página do C. TST.

O Fórum contou com a participação de quase 100 magistrados trabalhistas, com representantes dos 24 Tribunais Regionais do Trabalho.

No dia 25 de fevereiro de 2014, o Comitê Gestor Nacional do Programa Trabalho Seguro publicou na página do C. TST as diretrizes e propostas de enunciados sobre Perícias Judiciais em Acidentes do Trabalho e Doenças Ocupacionais.

Segundo a notícia veiculada na página do C. TST, "as diretrizes e propostas de enunciados ora publicados são frutos de discussões que permitiram obter um fiel trato da dinâmica das provas periciais no âmbito da Justiça do Trabalho para subsidiar a elaboração de sugestões de aperfeiçoamento jurídico e administrativo a esse cada vez mais importante meio processual de prova".

12.1. Diretrizes sobre prova pericial em acidentes do trabalho e doenças ocupacionais

DIRETRIZES SOBRE PROVA PERICIAL EM ACIDENTES DO TRABALHO E DOENÇAS OCUPACIONAIS

Propõe sugestões de diretrizes para a avaliação e a elaboração da prova pericial em questões referentes ao meio ambiente, segurança e saúde do trabalho.

CONSIDERANDO que a efetividade dos direitos sociais, dentre eles a do direito à saúde, na forma prevista pelo art. 6º da Constituição Federal, e dos direitos de solidariedade, em que se destaca o direito ao meio ambiente saudável, na forma preconizada pelos arts. 7º, inciso XXII, e 225 da Constituição Federal, impõem ao Estado o dever de utilizar os mecanismos que lhe são próprios para coibir a nocividade à saúde daquele que depende de sua força de trabalho para o seu sustento;

CONSIDERANDO que a prova pericial, no contexto em que a jurisdição constitui atividade essencial do Poder Judiciário e desdobramento instrumental do binômio Justiça e Saúde, desponta como mecanismo de dimensão reparatória e preventiva a viabilizar uma prestação jurisdicional efetiva, na dicção do art. 5º inciso XXXV da Constituição Federal, para fins de tutela de valores essenciais à vida, referentes à incolumidade física, mental e psíquica do trabalhador, à sua saúde e ao meio ambiente do trabalho saudável, exigindo a atuação vívida do magistrado na sua realização e avaliação;

CONSIDERANDO que a prova pericial, a par de fundamentar as decisões judiciais, tem igualmente vocação para orientar a prevenção de danos à saúde, porquanto é apta a indicar a existência dos agentes que contribuíram para a ocorrência do acidente ou para a eclosão da doença e, desta forma, apontar medidas para a readaptação isenta de riscos e para a readequação do meio ambiente onde também operam outros trabalhadores suscetíveis aos mesmos gravames;

CONSIDERANDO que o extenso e complexo arcabouço normativo, de caráter multidisciplinar, aplicável na produção da prova pericial, torna pertinente a capacitação dos operadores do direito do trabalho em torno das metodologias nele previstas;

CONSIDERANDO os termos do art. 21-A, da Lei n. 8.213/91, do Decreto n. 6.042/07, das Instruções Normativas ns. 98/2003 e 31/2008 do Instituto Nacional de Serviço Social — INSS, da Instrução Normativa n. 88/10 do Ministério do Trabalho e Emprego — MTE, da Resolução n. 1.488/98 do Conselho Federal de Medicina — CFM, da Resolução n. 8/12 do Conselho Federal de Psicologia — CFP;

CONSIDERANDO a preponderância de perícias judiciais versando sobre acidentes típicos, distúrbios osteomusculares e transtornos mentais;

CONSIDERANDO as pesquisas e estudos realizados pelo Comitê Gestor Nacional do Programa Trabalho Seguro, constituído nos termos da Resolução n. 96, de 23 de março de 2012 do Conselho Superior da Justiça do Trabalho;

CONSIDERANDO a pertinência do debate em torno do valor atribuído aos honorários periciais e da sua forma de pagamento, porquanto questões referentes à destinação orçamentária e aos óbices processuais relacionados ao adiantamento dos honorários processuais constituem sérios entraves para a viabilização da própria perícia, quadro que vem concorrendo para afastar do âmbito de atuação da Justiça do Trabalho muitos profissionais qualificados para a realização desse imprescindível mister;

O Comitê Gestor Nacional do Programa Trabalho Seguro:

S U G E R E:

CAPÍTULO I — DO PERITO

SEÇÃO I

DISPOSIÇÕES GERAIS

Art. 1º Nas perícias em matéria de acidente do trabalho e doenças ocupacionais deverão ser nomeados peritos que atendam as normas legais e ético-profissionais para análise do objeto de prova, tais como médicos, psicólogos, fisioterapeutas, fonoaudiólogos, terapeutas ocupacionais, engenheiros, dentre outros, sem prejuízo da nomeação de mais de um profissional, ainda que não se trate de perícia complexa, nos moldes do art. 431-B do Código de Processo Civil.

SEÇÃO II

CAPACITAÇÃO EM PROVA PERICIAL EM ACIDENTE DO TRABALHO E DOENÇA OCUPACIONAL

Art. 2º Deverão ser viabilizados, quando possível, cursos e outros meios de aperfeiçoamento para peritos, servidores e magistrados da Justiça do Trabalho.

Art. 3º A nomeação de peritos em processos judiciais priorizará, sempre que possível, os profissionais que participem dos cursos e outros meios de aperfeiçoamento oferecidos pelos órgãos da Justiça do Trabalho ou entidade parceiras.

CAPÍTULO II — DA PROVA PERICIAL

SEÇÃO I

DISPOSIÇÕES GERAIS

Art. 4º A fundamentação a ser utilizada pelo perito para avaliação do nexo causal e da incapacidade deverá pautar-se em critérios técnicos adequados, devendo levar em consideração, especialmente, em relação aos:

a) acidentes típicos, a Instrução Normativa n. 88/2010 e o Guia de Análise — Acidentes de Trabalho, ambos do Ministério do Trabalho e Emprego;

b) distúrbios osteomusculares, a Instrução Normativa n. 98/2003 do INSS e as normas regulamentadoras do MTE, notadamente a NR 17 e seu Manual de Aplicação;

c) transtornos mentais, o Manual de Procedimento para Serviços de Saúde do Ministério da Saúde e a Enciclopédia da Organização Internacional do Trabalho (OIT).

Art. 5º O perito deverá mencionar no laudo pericial apresentado ao juízo se o agravo à saúde ou a incapacidade possuem natureza acidentária diante da constatação do nexo técnico epidemiológico entre o trabalho e o agravo, decorrente da relação entre a atividade econômica preponderante da empresa segundo a Classificação Nacional de Atividades Econômicas — CNAE e a entidade motivadora da incapacidade elencada na Classificação Internacional de Doenças — CID, com referências nos termos do art. 21-A da Lei n. 8.213/91, conforme a redação da Lei n. 11.430/06 e Decreto n. 6.042/07.

Parágrafo único – A perícia poderá deixar de considerar o nexo técnico epidemiológico quando dispuser de informações ou elementos circunstanciados e contemporâneos ao exercício da atividade que evidenciem a inexistência de nexo técnico entre o agravo à saúde a as condições de trabalho, tomando como referência os termos da Lei n. 11.430/06 e art. 6º da IN n. 31/2008 do INSS.

Art. 6º Em seu relatório, o perito apresentará conclusões técnicas pertinentes à sua investigação que possam subsidiar o Juiz, nos limites legais de sua atuação profissional, sem adentrar no mérito das decisões, que são exclusivas às atribuições dos magistrados.

SEÇÃO II

DA INVESTIGAÇÃO PERICIAL

Art. 7º A perícia judicial realizada nas ações indenizatórias ajuizadas perante a Justiça do Trabalho contemplará, para a avaliação do nexo causal entre os agravos à saúde e as condições de trabalho, além do exame clínico físico e mental e dos exames complementares, quando necessários:

I – a história clínica e ocupacional, decisiva em qualquer diagnóstico e/ou investigação de nexo causal;

II – o estudo do local de trabalho;

III – o estudo da organização do trabalho;

IV – os dados epidemiológicos;

V – a literatura técnica específica atualizada;

VI – a ocorrência de quadro clínico ou subclínico em trabalhador exposto a condições agressivas à saúde;

VII – a identificação dos riscos existentes no meio ambiente do trabalho;

VIII – o depoimento e a experiência dos trabalhadores;

IX – os conhecimentos e as práticas de outras disciplinas e de seus profissionais, sejam ou não da área da saúde;

X – A capacitação dos trabalhadores ou outros aspectos de gestão de segurança e saúde do trabalho que influenciaram a ocorrência do evento.

XI – relatar se havia medidas de prevenção que poderiam ter evitado a agressão e/ou lesão ao trabalhador, bem como as medidas de proteção que poderiam ter reduzido as suas consequências;

Parágrafo único – Havendo necessidade de realização de exames complementares, o perito poderá solicitá-los, nos termos do art. 429 do Código de Processo Civil.

Art. 8º Para fins de investigação das causas dos acidentes de trabalho típicos e das doenças ocupacionais, devem ser analisados os fatores subjacentes e latentes, nos termos da Instrução Normativa n. 88/2010 e o Guia de Análise — Acidentes de Trabalho, ambos do Ministério do Trabalho e Emprego.

§ 1º Entende-se como fatores imediatos as razões óbvias da ocorrência de um evento adverso, evidenciadas na proximidade das consequências;

§ 2º Por fatores subjacentes compreendem-se razões sistêmicas ou organizacionais menos evidentes, porém necessárias para que ocorra um evento adverso;

§ 3º Por fatores latentes, têm-se as condições iniciadoras que possibilitam o surgimento de todos os outros fatores relacionados ao evento adverso. Frequentemente são remotas no tempo e no que se refere à hierarquia dos envolvidos, quando consideradas em relação ao evento. Geralmente envolvem concepção, gestão, planejamento ou organização.

Art. 9º A omissão do perito em proceder à vistoria do local de trabalho, à avaliação e descrição da organização do trabalho, das incapacidades e funcionalidades, dentre outras matérias constantes das normas regulamentadoras e dos documentos técnicos aplicáveis, notadamente os termos da NR 17 e do seu Manual de Aplicação em se tratando de doenças osteomusculares, poderá acarretar a designação de segunda perícia, nos termos do art. 337 e seguintes do CPC.

Art. 10 – Durante a análise de acidentes, as informações prestadas pelas partes devem ser cotejadas com as demais circunstâncias que envolvem o evento, sempre que estiverem presentes, isolada ou conjuntamente, as seguintes situações:

I – ausência de testemunhas;

II – falta de preservação do local da ocorrência;

III – ocorrência em locais onde não existam postos de trabalho fixos, tais como estradas e áreas rurais;

IV – participação determinante de fatores socioambientais, tais como violência urbana ou fenômenos meteorológicos.

SEÇÃO III

DA AVALIAÇÃO DA PROVA PERICIAL EM MATÉRIA DE ACIDENTE DO TRABALHO E DOENÇA OCUPACIONAL

Art. 11 – Considera-se agravo à saúde: a lesão, a doença, o transtorno de saúde, o distúrbio, a disfunção ou a síndrome de evolução aguda, subaguda ou crônica, de natureza clínica ou subclínica, inclusive morte, independentemente do tempo de latência.

Art. 12 – Na avaliação da incapacidade poderão ser utilizados, de forma conjugada, a Classificação Internacional de Doenças (CID-10) e outros documentos nacionais ou internacionais de reconhecida idoneidade e qualificação técnico-científica para este fim, devendo o perito definir se a incapacidade é parcial ou total, permanente ou provisória.

Parágrafo Único – Se o perito constatar a presença de fator não ocupacional, deverá detalhar o grau o intensidade da contribuição desta para a incapacidade laboral.

CAPÍTULO II

DAS PROVIDÊNCIAS DECORRENTES DAS PROVAS PERICIAIS

Art. 13 – Caso pertinente, o magistrado poderá enviar ofícios aos órgãos responsáveis pelo sistema legal de segurança e saúde do trabalhador, para que seja garantida, integralmente, a dignidade da pessoa, o que inclui a sua reabilitação física e profissional, bem como o reordenação do ambiente do trabalho, de modo a eliminar os agentes agressivos e, quando isto se revelar inviável, a neutralizá-los, além de outras medidas.

Brasília, 25 de fevereiro de 2014.

Comitê Gestor Nacional do Programa Trabalho Seguro

12.2. Propostas de enunciados sobre perícias judiciais em acidente do trabalho e doenças ocupacionais

PROPOSTAS DE ENUNCIADOS SOBRE PERÍCIAS JUDICIAIS EM ACIDENTE DO TRABALHO E DOENÇAS OCUPACIONAIS

PRINCÍPIO DA PARTICIPAÇÃO DO MAGISTRADO. ATUAÇÃO COLABORATIVA. Tendo em vista os termos do art. 225 da Constituição Federal, que impõe ao Poder Público e à coletividade a defesa do meio ambiente e a sua preservação para as gerações presentes e futuras, assim como o caráter público do processo judicial, deve o magistrado trabalhista tomar todas as medidas necessárias para informar os órgãos administrativos participantes do sistema de saúde e segurança do trabalho e o Ministério Público de decisões judiciais proferidas envolvendo o descumprimento das normas de saúde e segurança do trabalho, para que estes órgãos possam tomar as medidas cabíveis conforme suas competências.

PERÍCIA EM ACIDENTES DE TRABALHO E DOENÇAS OCUPACIONAIS. VISTORIA NO LOCAL E NO POSTO DE TRABALHO. ANÁLISE DA ORGANIZAÇÃO DO TRABALHO.

I – Nas perícias para avaliação do nexo causal em acidentes de trabalho e doenças ocupacionais, é necessária a vistoria no local e no posto de trabalho, a análise da organização do trabalho, a verificação dos dados epidemiológicos, os agentes de risco aos quais se encontram submetido o trabalhador, consoante estabelece a Resolução n. 1.488/1998 do Conselho Federal de Medicina e demais resoluções dos conselhos profissionais. II – Consideram-se agentes de risco decorrentes da organização do trabalho, também, horas extras habituais, ritmo intenso, metas abusivas, trabalho penoso, pagamento por produtividade, trabalho noturno, trabalho em turno de revezamento, pressão psicológica, monotonia, dentre outros. III – A omissão do perito em vistoriar o local e o posto de trabalho atrai a aplicação do art. 437 do CPC, podendo ensejar a realização de segunda perícia, nos termos do art. 438 do CPC.

PATOLOGIA OCUPACIONAL. PERÍCIA. PROFISSIONAL COMPETENTE. NEXO CAUSAL E DIAGNÓSTICOS POR PROFISSIONAIS DA ÁREA DA SAÚDE. POSSIBILIDADE. I – A perícia deve ser realizada por profissional que detenha conhecimento técnico ou científico exigível ao caso concreto (art. 145, do CPC). II – Os diversos profissionais da área da saúde tem competência para realizar distintos diagnósticos, cada um em sua esfera de atuação, bem como para estabelecer o nexo causal.

AÇÕES INDENIZATÓRIAS. AÇÕES DISTINTAS. As ações indenizatórias decorrentes de acidentes de trabalho e doenças ocupacionais poderão ser, preferencialmente, processadas e julgadas em ações distintas, para permitir o adequado tratamento da lide.

DANO COLETIVO. EFEITOS METAINDIVIDUAIS DAS LESÕES DERIVADAS DE ACIDENTES DE TRABALHO E DOENÇAS OCUPACIONAIS. AUDIÊNCIA PÚBLICA. Havendo reiteração de demandas judiciais que evidenciem a inadequação do meio ambiente do trabalho, nele também entendido a organização do trabalho, com potencialidade de dano coletiva, o órgão julgador poderá analisar a conveniência de realização de audiência pública, com participação do Ministério Público do Trabalho.

AÇÕES DE ACIDENTES DE TRABALHO. PROVA DOCUMENTAL. DETERMINAÇÃO DE APRESENTAÇÃO DE DOCUMENTOS PELO EMPREGADOR, INSS/SUS E MTE. I – O órgão julgador poderá determinar sejam apresentados documentos pelo empregador, INSS/SUS e MTE, conforme especificidades do pedido e observado o anexo I, sendo admitida a inversão do ônus da prova, inclusive quanto aos encargos e despesas daí decorrentes. II – Os documentos a que se refere o Enunciado acima, serão juntados pelo empregador ou entidade depositária, conforme relação não exaustiva abaixo: pela empresa: I – Programa de Prevenção de Riscos Ambientais — PPRA, previstos na NR-9 da Portaria n. 3.214/78 do MTE; II – Laudo Técnico de Condições Ambientais do Trabalho – LTCAT, previstos na NR-9 da Portaria n. 3.214/78 do MTE; III – Programa de Controle Médico de Saúde Ocupacional — PCMSO, nos termos da NR-7 da Portaria n. 3.214/78, acompanhado dos respectivos relatórios; IV – Perfil Profissiográfico Previdenciário — PPP; V – exames médicos admissional, periódicos e demissional, de que tratam o art. 168 da CLT e a NR-7 da Portaria n. 3.214/78; VI – cópia do Livro de Registro de Fiscalizações realizadas pelo MTE; VII – certificados de treinamento do autor da ação; VIII – AET – Análise Ergonômica do Trabalho (NR-17); IX – CAT; X – Prontuário médico (cópia integral); XI – Relação de afastamentos inferiores a 15 dias relativos aos últimos 5 anos; XII – Cartão de ponto e recibos de férias do período da contratualidade do autor da ação; XIII – Atas das CIPAS do período da contratualidade. Pelo INSS/SUS: I – FAP — Fator Acidentário de Prevenção referente à empresa; II – Códigos de afastamento referentes aos benefícios previdenciários concedidos ao autor; III – laudos periciais produzidos; IV – CATs expedidas nos últimos cinco anos; V – Cópia integral do procedimento administrativo de concessão de benefícios previdenciários. Pelo MTE: I – autos de infração dos últimos 5 anos II – GFIP (número de afastamentos da empresa)

DANOS MORAIS COLETIVOS. INDENIZAÇÃO. FINALIDADES. DESTINAÇÃO. RECOMPOSIÇÃO E A PROTEÇÃO DAS COMUNIDADES E BENS LESIONADOS. A indenização por danos morais coletivos em ações envolvendo acidentes e meio ambiente de trabalho deve ser, preferencialmente, revertida a medidas que contribuam para a recomposição e a proteção das coletividades e bens lesionados, sob pena de desvirtuamento das finalidades às quais se destina.

RESTABELECIMENTO DA SAÚDE, REABILITAÇÃO PROFISSIONAL E READEQUAÇÃO DO AMBIENTE LABORAL. EXPEDIÇÃO DE OFÍCIOS AO SUS, AO INSS E AO MTE. O magistrado deverá enviar ofícios aos órgãos responsáveis pelo sistema legal de segurança e saúde do trabalhador, para que seja garantida, integralmente, a dignidade da pessoa, o que inclui a sua reabilitação à saúde e profissional, bem como a reordenação do ambiente do trabalho, de modo a eliminar os agentes agressivos e, quando isto se revelar inviável, a neutralizá-los, além de outras medidas.

PARÂMETROS PARA QUANTIFICAÇÃO DA PERDA DA CAPACIDADE LABORATIVA. CLASSIFICAÇÃO INTERNACIONAL DE FUNCIONALIDADE, INCAPACIDADE E SAÚDE — CIF, ELABORADA PELA ORGANIZAÇÃO MUNDIAL DE SAÚDE. Decreto-lei n. 352, de 23 de outubro de 2007, do Ministério do Trabalho e da Solidariedade Social de Portugal. Direito Comparado. A Classificação Internacional de Funcionalidade, Incapacidade e Saúde (CIF) e o Decreto-lei n. 352, de 23 de outubro de 2007, do Ministério do Trabalho e da Solidariedade Social de Portugal são plenamente compatíveis com os princípios norteadores do direito laboral

CONCAUSALIDADE. MULTIPLICIDADE DE CAUSAS. I – o agravo à saúde que se origina de múltiplos fatores não deixa de ser enquadrado como patologia ocupacional se o exercício da atividade laborativa houver contribuído, direta, mas não decisivamente, para a sua origem ou agravamento, nos termos do art. 21, I da Lei n. 8.213/91. II – A identificação de enfermidade de natureza não ocupacional e/ou degenerativa não deve limitar a investigação do perito na busca pela existência de outros fatores concomitantes de natureza ocupacional que possam ter contribuído.

ACIDENTE DO TRABALHO. SUPERAÇÃO DO ATO INSEGURO. RECONHECIMENTO DA CONDIÇÃO INSEGURA DE TRABALHO. A análise da ocorrência de acidente laboral deve ter enfoque na multiplicidade de elementos próprios da condição de trabalho, relacionadas à exposição do trabalhador a riscos laborais, restando superada a visão tradicional do ato inseguro em face da alteração da NR 1 com a nova redação dada ao item 1.7, alínea "*b*", pela Portaria n. 84, de 4 de março de 2009, da Secretaria de Inspeção do Trabalho do MTE.

NEXO TÉCNICO EPIDEMILÓGICO. IMPLICAÇÃO. LIMITES. I – O perito deverá relatar se o fato de o agravo à saúde ou a incapacidade possui natureza acidentária diante da constatação do Nexo Técnico Epidemiológico — NTEP entre o trabalho e o agravo, decorrente da relação entre a atividade da empresa (CNAE) e a entidade motivadora da incapacidade elencada na Classificação Internacional de Doenças — CID, nos termos do art. 21-A da Lei n. 8.213/91 com a redação da Lei n. 11.430/06 e Decreto n. 6.042/07. II – A perícia judicial poderá negar a existência de nexo técnico epidemiológico quando dispuser de informações ou elementos circunstanciados e contemporâneos ao exercício da atividade que evidenciem a inexistência do nexo técnico entre o agravo à saúde a as condições de trabalho, nos termos da Lei n. 11.430/06 e art. 6º da IN n. 31/2008 do INSS, consignando a devida motivação técnica adequada para a não aplicação do NTEP. III – A fundamentação a ser utilizada pelo perito para avaliação do nexo causal e da incapacidade deverá pautar-se em critérios técnicos adequados, notadamente a IN n. 98/2008.

PERÍCIA. SAÚDE MENTAL. ANÁLISE DO CONTEXTO SÓCIO-ECONÔMICO-FAMILIAR. I – Considerando que a definição de saúde pela Organização Mundial de Saúde envolve o completo bem-estar físico, mental e social, inclusive, nos caso específico da saúde mental, o art. 2º, *caput*, e, parágrafo único, inciso II, da Lei n. 10.216/2001, estabelece que nos atendimentos atinentes à saúde mental deve-se englobar o plexo sócio-econômico-familiar como forma de garantir o tratamento com humanidade e respeito dignidade do paciente, deve o expert, quando da realização de perícia judicial envolvendo adoecimento mental, realizar ampla investigação do periciado, inclusive considerando o contexto de inserção na família, no trabalho e na comunidade, considerados os riscos referentes à organização do trabalho previsto na NR 17.6.2. II – Em razão das peculiaridades que envolvem a perícia judicial referente ao adoecimento mental, especialmente no que se refere a análise percuciente do contexto sócio-econômico-familiar na qual está inserido o periciado, torna-se legítimo o requerimento pelo senhor perito de ampliação do prazo concedido para elaboração do Laudo Pericial, ficando a critério do magistrado, dentro da análise do caso concreto, fixação de prazo que harmonize a efetividade da produção probatória e o princípio constitucional da razoável duração do processo (art. 5º, inciso LXXVIII, da Constituição Federal).

12.3. Curso de Formação Continuada – ENAMAT – CSJT – TST – ANAMT

Veja-se a matéria contida em: <www.manhabusco.com.br>. Acesso em: 8 mar. 2016:

INICIATIVA LOUVÁVEL: curso sobre relação doença X trabalho reúne, em Brasília, magistrados e especialistas em saúde pública.

As tendências atuais dos conceitos de causalidade e dos modelos explicativos do adoecimento relacionado com o trabalho, e também suas implicações periciais, estão sendo discutidos no Curso de Formação Continuada (CFC) sobre Estabelecimento do Nexo de Causalidade entre Doença e Trabalho, em Brasília. O CFC é dirigido a magistrados do trabalho de todo o país e promovido pela Associação Nacional dos Médicos do Trabalho (ANAMT), em parceria com a Escola Nacional de Formação e Aperfeiçoamento de Magistrados do Trabalho (Enamat), o Conselho Superior da Justiça do Trabalho (CSJT) e o Tribunal Superior do Trabalho (TST).

A abertura do evento foi realizada pelo presidente do CSJT e do TST, ministro Barros Levenhagen, com a presença do ministro Renato de Lacerda Paiva, diretor da Enamat, e do presidente da Associação Nacional de Medicina do Trabalho ANAMT, ZuherHandar. Levenhagen ressaltou a importância da prevenção de acidentes com ações voltadas à saúde do trabalhador e esclareceu que o curso tem como objetivo central o fortalecimento das parcerias interinstitucionais do Programa Trabalho Seguro, do CSJT e do TST.

O médico ZuherHandar explicou que a ANAMT é uma das parceiras do programa, e que o ambiente de trabalho ideal é seguro, decente e que respeite a dignidade humana. O médico Luiz Augusto Facchini, da Universidade Federal de Pelotas (RS), falou sobre a determinação social da saúde e da doença e suas implicações no pensamento causal sobre adoecimento e incapacidade dos trabalhadores.

Um dos palestrantes, professor René Mendes, médico especialista em Saúde Pública e em Medicina do Trabalho, destacou que este é um momento de reflexão e compartilhamento de saberes das diversas áreas envolvidas. Ele discorreu sobre as tendências taxonômicas em Patologia do Trabalho e sua aplicação no Brasil, citando as doenças profissionais e a evolução conceitual e as tendências das listas estrangeiras e internacionais de doenças relacionadas ao trabalho. Falou ainda sobre os critérios de inclusão, a lista da OIT (Revisão de 2010) e os reflexos da Lei n. 8.213/91, principalmente no que diz respeito aos arts. 20 e 21.

Segundo o professor, a discussão sobre o nexo causal entre doença e trabalho tem se tornado cada vez mais complexa, pois, com o passar dos anos, "mudam-se as tecnologias, as formas de trabalho, as doenças, os tratamentos". Porém, as formas de a Justiça do Trabalho analisar e julgar cada caso também têm se aperfeiçoado, inclusive com o auxílio das listas oficiais de doenças profissionais, que já abrangem mais de 200 itens.

Já o professor Heleno Rodrigues Corrêa Filho, especialista em epidemiologia e saúde do trabalhador, abordou o tema "Epidemiologia e Causa", ressaltando que "a noção de causalidade desaparece na medida em que mudam as exposições às quais o trabalhador é submetido".

Resolução.

Numa das mesas de debate, composta pelo auditor fiscal do Ministério do Trabalho e Emprego Fernando Donato Vasconcelos e pelo professor René Mendes, foi apresentado o estudo do art. 2º da Resolução n. 1.488/98 do Conselho Federal de Medicina, que orienta as atividades dos médicos do trabalho. Donato frisou a importância da resolução no sentido de proteger os direitos do trabalhador, mas os professores apontaram dificuldades, por parte dos peritos, médicos e juízes do trabalho, em seguir à risca as recomendações da norma e, consequentemente, em identificar o nexo causal entre os transtornos de saúde e as atividades dos trabalhadores.

O artigo lista nove pontos a serem considerados pelo médico, como a história clínica e ocupacional e o estudo do local e da organização do trabalho. Além disso, segundo eles, outros fatores — como a apresentação de atestados médicos fraudulentos e o fato de a responsabilidade patronal não cessar com o desligamento do trabalhador da folha de pagamentos — podem dificultar o estabelecimento do nexo de causalidade entre doença e trabalho.

A psicóloga Ana Magnólia Mendes, que leciona no departamento de Psicologia Social e do Trabalho do Instituto de Psicologia da Universidade de Brasília (UnB), e o professor Duilio Antero de Camargo (USP) fizeram parte do último dia do CFC, falando sobre o problema do adoecimento mental relacionado com o trabalho e estudos epidemiológicos realizados em nosso meio. Eles discutiram o pensamento causal entre transtornos mentais e trabalho e os conceitos, ferramentas e aspectos periciais na interface entre Psiquiatria, Medicina do Trabalho, Medicina Legal, Perícia Previdenciária e Justiça do Trabalho. O curso foi encerrado pelos médicos e professores Hudson de Araújo Couto (MG) e René Mendes, que discutiram sobre o pensamento causal entre doenças osteomusculares (membros superiores e coluna vertebral) e Trabalho; conceitos, ferramentas e aspectos periciais, na interface entre Ortopedia, Medicina do Trabalho, Medicina Legal, Perícia Previdenciária e Justiça do Trabalho. (Fonte: Enamat).

Capítulo XIII

Responsabilidade pelo Pagamento dos Honorários Periciais

Segundo a EC n. 45/2004 e a IN n. 27 do TST (art. 6º, parágrafo único), é facultado ao juiz, em relação à perícia, exigir depósito prévio dos honorários periciais nas lides oriundas da relação de trabalho ou distintas da relação de emprego[38].

Quando o empregador sucumbe ao objeto da prova pericial, é sua a responsabilidade pelo pagamento dos honorários periciais.

Na prática, a parte ré deposita um valor determinado pelo juiz a título de adiantamento (p. ex.: salário mínimo). O valor depositado é levantado pelo perito. Na sentença, o juiz fixa o valor dos honorários, o qual normalmente é superior ao valor do adiantamento. A parte sucumbente deposita a diferença entre o valor adiantado e o valor da condenação. O juiz então determina o levantamento do valor remanescente.

Situação diversa ocorre quando o sucumbente é beneficiário da justiça gratuita. Nesse particular, segundo a decisão do STF, na ADIN n. 5.766, que declarou a inconstitucionalidade do art. 790-B da CLT, a responsabilidade pelo pagamento dos honorários periciais é da UNIÃO.

De acordo com o site do STF, veja o resumo do resultado (até a revisão desse material o acórdão ainda não havia sido publicado):

> Por maioria de votos, o colegiado considerou inconstitucionais os dispositivos que estabelecem a necessidade de pagamento de honorários periciais e advocatícios pela parte derrotada (honorários de sucumbência), mesmo que esta seja beneficiária da Justiça gratuita (art. 790-B, *caput* e § 4º, da CLT) e o que autoriza o uso de créditos trabalhistas devidos ao beneficiário de justiça gratuita, em outro processo, para o pagamento desses honorários (art. 791-A, § 4º). Integraram essa corrente os ministros Alexandre de Moraes, Edson Fachin, Dias Toffoli, Ricardo Lewandowski e as ministras Cármen Lúcia e Rosa Weber.

(38) MANHABUSCO, José Carlos; CAMARGO, Amanda. *A inversão da prova no processo do trabalho* — Teoria da distribuição dinâmica do ônus da prova. São Paulo: LTr, 2013.

Também por maioria, foi considerada válida a regra (art. 844, § 2º, da CLT) que impõe o pagamento de custas pelo beneficiário da justiça gratuita que faltar à audiência inicial de julgamento e não apresente justificativa legal no prazo de 15 dias. Esse entendimento foi seguido pelos ministros Alexandre de Moraes, Dias Toffoli, Roberto Barroso, Nunes Marques, Gilmar Mendes e Luiz Fux (presidente) e pela ministra Cármen Lúcia.

Nos Tribunais Regionais do Trabalho, já existem verbas destinadas ao pagamento dos peritos.

O assistente técnico recebe os honorários da parte que o indicou.

Veja a oração da Súmula n. 341 do C. TST, *verbis*:

HONORÁRIOS DO ASSISTENTE TÉCNICO (mantida) – Res. n. 121/2003, DJ 19, 20 e 21.11.2003.

A indicação do perito assistente é faculdade da parte, a qual deve responder pelos respectivos honorários, ainda que vencedora no objeto da perícia.

A realidade poderia ser outra. Explico: Já em momento anterior tivemos o privilégio de levar a preocupação aos então Corregedores da Justiça do Trabalho os Ministros José Luciano, Reis de Paula e Dalazen, quando de correição no Regional da 24ª Região.

A relevância das perícias judiciais, especialmente nas ações de indenização em virtude de acidente de trabalho, cujo objetivo visa investigar a proteção da saúde do trabalhador e a efetiva reparação/compensação dos danos causados pela inadequação das condições de trabalho, exigem a cada dia dos detentores da prestação da tutela jurisdicional uma conduta e reflexão contemporânea.

Se é difícil acompanhar o ritmo do crescimento econômico, então devemos, ao menos tentar avançar na busca de atitudes que acompanhem a legislação atual.

A dificuldade enfrentada para nomeação de profissionais especializados na párea objeto do ato pericial é muito grande. Pelo visto o contido no NCPC não atendeu parte dessa necessidade.

Todavia, talvez a solução estaria na criação do "Quadro de Peritos da Justiça do Trabalho".

Embora não seja a reflexão pretendida por esse trabalho, não custa incentivar o debate acerca do tema.

Capítulo XIV

Relação de Quesitos para Estudo

14.1. Tipo 1

a) GERAIS

1. Qual o objetivo e a finalidade da perícia médica?

2. Qual a legislação (nome, número, ano etc.) que o perito seguiu na realização da perícia?

3. O perito seguiu as normas técnicas para avaliação de DORT, do INSS; CFM; COFFITO etc.?

4. Caso negativo, qual a fundamentação para não segui-la?

5. Na conduta pericial, qual a metodologia e a rotina utilizadas na elaboração da perícia?

6. Na avaliação pericial, que exame físico será realizado?

7. Descreva as funções efetivamente desempenhadas pelo autor.

8. O autor fora submetido ao exame admissional (ASO)?

9. O resultado fora dado como apto para o trabalho, ou seja, que não era portador de qualquer doença, lesão ou distúrbio, deficiência ou disfunção?

10. O que são fatores de risco?

11. Quais são os elementos importantes na caracterização da exposição aos fatores de risco?

12. O que significam os fatores de risco para o diagnóstico de LER/DORT?

13. O que são riscos ocupacionais?

14. Qual o objetivo de constar no ASO ADMISSIONAL, PERÍODICO E DEMISSIONAL a exposição ou não ao agente de risco ocupacional?

15. No exame admissional consta o risco ocupacional e a exposição ao agente físico a que estava exposto o autor (físico — frio; calor; ergonômico etc.)?

16. Qual o significado da existência da classificação do grau e grupo de risco?

17. Qual a classificação no grau e grupo de risco da atividade do réu?

18. Qual o objetivo de constar a classificação no grau e grupo de risco?

19. Qual a relação entre a classificação no grau e grupo de risco, a atividade do réu e a função do autor?

20. Qual(ais) o(s) agente(s) de risco ocupacional a que estava exposto o autor (físico — frio; calor; ergonômico etc.)?

21. O autor era submetido a exames de saúde periódicos, comprovadamente?

22. É correto afirmar que a ciência que estuda o movimento e a biomecânica é chamada de cinesiologia?

23. O fisioterapeuta possui em sua grade curricular referida disciplina?

24. É correto afirmar que um dos elementos importantes para a caracterização da exposição aos fatores de risco é a postura inadequada?

25. Dentre os fatores de risco para o diagnóstico de LER/DORT, encontra-se a postura inadequada?

26. É correto afirmar que o exame cinesico-funcional ou avaliação ortopédica tem relevância significativa no diagnóstico da LER/DORT?

27. O fisioterapeuta tem habilitação profissional para realização do exame cinésico-funcional ou avaliação ortopédica?

28. Em caso negativo, qual a razão?

29. O perito teve acesso, bem como tomou conhecimento, os documentos constantes nos autos, perícias, consultas, exames, encaminhamentos, diagnóstico etc. e qual a avaliação sobre o contido neles?

b) AVALIAÇÃO DA ORGANIZAÇÃO DO TRABALHO

30. Pode-se dizer que o trabalho do autor era complexo em relação à sua habilitação?

31. O trabalho do autor exigia produtividade?

32. Existia comissão e/ou prêmio adicional por produtividade?

33. Qual o horário e a duração da jornada diária de trabalho?

34. Existiu, em todo o período trabalhado, pausa durante a jornada de trabalho, comprovadamente?

35. Em caso positivo, a partir de que momento fora instituída comprovadamente?

36. A não instituição de parada contribui para o agravamento de eventual doença ocupacional? Positiva ou negativa, qual o fundamento científico?

37. A instituição de parada para ginástica, sendo o funcionário portador de doença ocupacional, contribui para o agravamento de eventual doença ocupacional? Positiva ou negativa, qual o fundamento científico?

38. Em caso positivo, quem era o instrutor da ginástica de pausa, comprovadamente?

c) LOCAL DE TRABALHO. ATIVIDADES. MOBILIÁRIO/MÁQUINAS. MATÉRIAS. RUÍDOS. NR 12 e 15

39. Quais as funções, efetivamente, desempenhadas pelo autor e com que órgãos do corpo. Descrever as funções e os órgãos.

40. Informe quais os equipamentos, máquinas, aparelhos existentes no ambiente de trabalho do autor, bem como a altura deles. Descrever.

41. Havia, à época, sinalização, placas, avisos etc., informando e orientando sobre os riscos e perigos dos instrumentos e do local de trabalho, comprovadamente (documento, foto etc.)?

42. Descreva o tipo e o modo de funcionamento do equipamento que o autor manuseava, bem como a altura em relação à sua estatura.

43. Descreva o perito as atividades desenvolvidas (níveis dos movimentos para cima; para baixo etc.) pelo autor com os equipamentos.

44. Havia risco à integridade física-corporal do autor?

45. O autor fora submetido, periodicamente, a exames de saúde: audiometria; radiografias; estado físico etc., comprovada documentalmente?

d) EQUIPAMENTOS COLETIVOS E INDIVIDUAIS

46. Em caso de tratar-se de EPI, descreva o perito, minuciosamente, os equipamentos utilizados para a proteção dos membros superior e inferior.

47. Há recibos de entrega desses EPIs assinados pelo autor (Ficha de Controle de EPIs)?

e) ERGONOMIA. POSTURA. MOVIMENTOS. RISCO ERGONÔMICO. NR 17. FATORES DE NATUREZA PSICOSSOCIAL

48. Qual era a posição em que trabalhava o autor (postura: sentado ou em pé)?

49. A respeito da ergonomia, qual era o movimento realizado pelo autor?

50. O movimento era estático (esforço estático)?

51. O movimento era forçado (força excessiva)?

52. O movimento era com carga osteomuscular (tensão, pressão, fricção)?

53. O movimento era constante?

54. O movimento era repetitivo de elevação e sustentação de peso; constante/prolongado; de rotação; em diversos níveis (para cima, para baixo, para trás, para o lado etc.); e a que altura (acima da cabeça, abaixo da cabeça, acima dos ombros, ao lado do corpo, atrás do corpo etc.?

55. O movimento era rápido?

56. Quantas vezes se realizava durante a jornada laboral ou com qual frequência (ciclo)?

57. Em caso negativo, como fora considerado o ciclo?

58. O autor tem flexibilidade na sua postura durante a jornada?

59. No caso de trabalho em pé, sempre existiu, em todo o período de trabalho, assentos (com dimensão, largura, borda, apoio dorsal etc.), com espaço suficiente para as pernas, para descanso durante as pausas?

60. Havia, à época, assentos suficientes para descanso de todos os funcionários do setor (art. 199, parágrafo único, da CLT)?

61. A inexistência de assentos compatíveis poderia causar dano a saúde do autor? Que tipo de dano (coluna etc.)? Positivo ou negativo, qual a fundamentação científica?

62. O trabalho exige posturas forçadas dos membros superiores?

63. Muita força com as mãos?

64. Flexão ou extensão dos punhos?

65. Desvio lateral do punho?

66. Elevação dos braços ou abdução dos ombros?

67. Cabeça excessivamente estendida e/ou fletida?

68. Compressão digital fazendo força?

69. Havia pressão excessiva quanto aos resultados (produção)?

70. Havia rigidez excessiva no sistema de trabalho?

71. O ambiente era tenso?

f) ACIDENTE DO TRABALHO – DOENÇA OCUPACIONAL

72. De acordo com a literatura médica, o que significa DOENÇA?

73. De acordo com a norma legal, o que significa DOENÇA DO TRABALHO E DOENÇA PROFISSIONAL?

74. De acordo com a norma legal, o que significa ACIDENTE POR EQUIPARAÇÃO?

75. De acordo com a norma legal, o que significa ACIDENTE TIPO?

76. Segundo a Organização Mundial de Saúde, o que significa deficiência ou disfunção?

77. Quais os critérios básicos na tarefa de avaliar a natureza e o grau da deficiência ou disfunção em doenças músculo-esquelética como as LER/DORT?

78. Qual a previsão contida na legislação previdenciária para tal situação?

79. Pelo exercício da função; trabalho físico pesado; em local frio/quente; postura (estática; forçada); movimentos (repetitivos de elevação; sustentação etc. de peso); deslocamento de peso; continuidade; repetitividade; rapidez etc., o autor fora vítima de acidente de trabalho, tendo o seu estado físico comprometido (mãos, punhos, antebraço, cotovelos, ombros, coluna vertebral, pernas etc.) necessitando de cuidados e atenção médica? Positivo ou negativo, qual a fundamentação científica?

80. O estado é reversível? Positivo ou negativo qual a fundamentação científica?

81. Pelo exercício da função, fora dos padrões recomendados (altura; peso etc.), desenvolvido por longo período, bem como a inexistência de assentos para descanso e EPI, aliado ao ciclo do movimento, podem ter causado danos à saúde do autor? Positivo ou negativo, qual a fundamentação científica?

82. Pelo exercício da função, fora dos padrões recomendados, com exposição a ruídos acima de 85dB (sem a utilização de EPI – protetor auricular), desenvolvido por longo período, bem como a inexistência de assentos para descanso e EPI, aliado ao ciclo do movimento, podem ter causado danos à saúde do autor? Positivo ou negativo, qual a fundamentação científica?

83. Há possibilidade de o autor ter adquirido em outra função antes de laborar para o réu e dela ser decorrente (concausa)? Positivo ou negativo, qual a fundamentação científica?

84. Qual probabilidade em percentual? Positivo ou negativo, qual a fundamentação científica?

85. E em qual função?

86. O autor pode laborar na mesma função e local? Positivo ou negativo, qual a fundamentação científica?

87. O autor poderá laborar em função e local que tenha de fazer esforços físicos? Positivo ou negativo, qual a fundamentação científica?

88. O perito pode dizer o que significa CONCAUSA?

89. No caso de acidente por equiparação (art. 21, inciso I, da Lei n. 8.213/91), podem existir concausas antecedentes (anterior), supervenientes (após) e simultâneas (durante)? Positivo ou negativo, qual a fundamentação científica?

90. O trabalho também pode contribuir, mesmo que indiretamente, como coadjuvante e como concausa, para o resultado do acidente de trabalho? Positivo ou negativo, qual a fundamentação científica?

91. A lesão ou distúrbio se apresenta pela repetição de movimentos, pela falta de atividade preventiva e pelo tratamento médico ausente ou descontínuo? Positivo ou negativo, qual a fundamentação científica?

92. O autor esteve ou está sob benefício previdenciário? Em caso positivo qual o diagnóstico?

93. O autor possui lesão ou perturbação funcional, conforme documentos juntos, compatíveis com acidente típico e/ou por equiparação (doença ocupacional)? Positivo ou negativo, qual a fundamentação científica?

94. Referidas lesões ou perturbações funcionais se encontram catalogadas no Decreto n. 3.048/99 (ANEXO III – QUADRO 6) e Decreto n. 6.042/2007?

95. Há redução, dentre outros, dos movimentos das articulações do ombro?

96. Há redução, dentre outros, dos movimentos das articulações do cotovelo?

97. Há redução, dentre outros, dos movimentos das articulações do antebraço?

98. Há redução, dentre outros, dos movimentos das articulações dos dedos, da mão e do punho?

99. Há redução, dentre outros, dos movimentos das articulações da coxa; da perna?

100. Há probabilidade que a doença ocupacional tenha se desenvolvido durante o contrato de trabalho, por contribuição e força direta da atividade contínua, rápida, repetitiva diária? Positivo ou negativo, qual a fundamentação científica?

101. Em caso afirmativo, qual a probabilidade em percentuais?

102. De acordo com a literatura médica, pesquisas e estatísticas a distribuição em percentuais, segundo o local das queixas, são mais frequentes no punho (20%), antebraço (15,1%), mão (12%), cervical (11,8%), ombro (8,9%), braço (7,7%)?

103. Há perturbação funcional? Positivo ou negativo, qual a fundamentação científica?

104. O autor se encontra com sua capacidade laboral reduzida (incapacidade parcial permanente), ante a lesão mediata relacionada ao trabalho (ocupacional)? Positivo ou negativo, qual a fundamentação científica?

105. O autor necessita de acompanhamento médico e/ou fisioterápico?

106. A falta de atividade preventiva e tratamento descontínuos são fatores preponderantes para o aparecimento e/ou agravamento da doença ocupacional/profissional?

107. A produção (carga de trabalho) colabora para o aparecimento ou agravamento da lesão?

108. Diante da prova documental apresentada (exames; atestados etc.), é possível que o autor tenha adquirido *afecções musculares relacionadas aos distúrbios provenientes dos esforços físicos no seu trabalho, estando impossibilitado de exercer suas atividades laborativas, com as mesmas exigências do seu trabalho*, decorrente da função que desempenhava para o réu?

g) PROCEDIMENTOS ADMINISTRATIVOS

109. De acordo com a NR-04 (Serviços Especializados em Engenharia de Segurança e em Medicina do Trabalho) do Ministério do Trabalho, qual o grau de risco existente na atividade do réu, se levando em consideração o número de funcionário?

110. De acordo com o contido na Instrução Normativa do INSS/DC, dentro de um quadro sintético, didático e pericial, forneça o perito subsídios acerca da análise dos fatores de risco existentes no ambiente de trabalho do autor, bem como das causas ocupacionais das *afecções musculares relacionadas aos distúrbios provenientes dos esforços físicos no seu trabalho, estando impossibilitado de exercer suas atividades laborativas, com as mesmas exigências do seu trabalho.*

111. Que o perito proceda à análise geral e que apresente todos os subsídios que interessam ao referido processo, tanto pelo critério quantitativo, como qualitativo, bem como registre, por meio de fotografias, os locais, os paradigmas e os produtos vistoriados, respondendo a todos os quesitos com fundamentação, seja positiva ou negativa (art. 93, inciso IX, da Constituição da República).

14.2. Tipo 2

1. Quais os agentes e fatores de risco (físico, ergonômicos, químicos, biológico etc.) que existem na atividade e função exercida pela autora?

2. Quais os agentes e fatores de risco (físico, ergonômicos, químicos, biológico etc.) a que a autora está exposta?

3. O perito verificou nos autos a prova documental da implantação dos programas de segurança e medicina do trabalho (NR-4 e NR-5, da Portaria n. 3.214/78 – MTE) em todo o período do contrato de trabalho da autora?

3.1 – Em caso positivo, quais programas existem?

3.2 – Quais programas estão faltando?

3.3 – Em caso negativo, qual a consequência legal?

4. Qual o estado de saúde da autora por ocasião da admissão?

5. Segundo a literatura médica, as doenças do sistema osteomuscular e nervoso (de natureza ocupacional) possuem como causas, por exemplo:

✓ Posições forçadas e gestos repetitivos.

✓ Ritmo de trabalho penoso.

✓ Condições difíceis de trabalho.

6. A autora é portadora de doenças do sistema osteomuscular de natureza ocupacional seja como causa ou concausa decorrentes das atividades e funções exercidas na empresa-ré (também de acordo com a prova e ata de instrução)?

7. A autora é portadora de doenças do sistema nervoso de natureza ocupacional seja como causa ou concausa decorrentes das atividades e funções exercidas na empresa-ré (também de acordo com a prova e ata de instrução)?

8. A autora é portadora de doenças do sistema osteomuscular de origem não ocupacional, mas agravada pela exposição aos agentes de risco existentes no ambiente de trabalho?

9. A autora é portadora de doenças do sistema nervoso de origem não ocupacional, mas agravada pela exposição aos agentes de risco existentes no ambiente de trabalho?

10. Tendo em vista que a CAT foi emitida com relação a síndrome do túnel do carpo, é correto afirmar que, no mínimo, ocorreu incapacidade total naquele período?

11. Os danos sofridos pela autora provocaram lesão corporal/perturbação funcional e causaram a perda e redução, permanente ou temporária, da capacidade para o trabalho, inclusive e especialmente pelo trabalho pela qual foi contratada?

12. Informe o perito o grau e percentual de incapacidade laboral da autora, especialmente para atividades com posições forçadas e gestos repetitivos; ritmo de trabalho penoso; condições difíceis de trabalho; cumprimento de metas; pressão etc. pela qual foi contratada.

13. Em sendo apresentado qualquer documento ao perito, por ocasião da perícia, ele deverá comprovar com cópia junto ao Laudo Pericial, em forma de anexo, se for o caso, uma vez que o perito não é testemunha e muito menos deve substituir a obrigação da parte, para que possa ser garantido a autora o exercício do direito constitucional do contraditório e do devido processo legal.

14.3. Tipo 3

1. Quais os agentes e fatores de risco (físico, ergonômicos, químicos, biológico etc.) que existem na atividade e função exercidas pela autora?

2. Quais os agentes e fatores de risco (físico, ergonômicos, químicos, biológico etc.) a que a autora está exposta?

3. Quais os agentes e a composição química de cada agente de risco?

4. Qual o limite de exposição para o corpo humano?

5. Qual o EPI que deve ser utilizado para cada agente?

6. Há prova nos autos do efetivo uso, fiscalização e o fornecimento de todos os EPIs necessários à eliminação ou neutralização dos efeitos provocados por aqueles agentes de risco no período do contrato de trabalho.

6.1. Em caso positivo, qual a folha e EPI?

7. A vistoria/avaliação foi feita com base nos dados colhidos apenas no dia da perícia?

8. No exercício das atividades, o autor estava exposto aos agentes de risco acima do limite de tolerância fixados em razão da natureza, intensidade e do tempo da exposição aos seus efeitos?

9. A cumulatividade e exposição simultânea aos agentes nocivos à saúde ou integridade física do autor asseguram o recebimento do respectivo adicional?

9.1. Caso a resposta anterior seja negativa, explique a sua razão.

10. Qual é o grau de insalubridade?

11. O perito verificou nos autos a prova documental da implantação dos programas de segurança e medicina do trabalho (NR-4 e NR-5, da Portaria n. 3.214/78 — MTE) em todo o período do contrato de trabalho da autora?

11.1. Em caso positivo, quais programas existem?

11.2. Quais programas estão faltando?

11.3. Em caso negativo, qual a consequência legal?

12. Qual o estado de saúde da autora por ocasião da admissão?

13. Segundo a literatura médica, as doenças do sistema osteomuscular (de natureza ocupacional) possuem como causas, por exemplo:

✓ Posições forçadas e gestos repetitivos.

✓ Ritmo de trabalho penoso.

✓ Condições difíceis de trabalho.

14. A autora é portadora de doenças do sistema osteomuscular de natureza ocupacional seja como causa ou concausa decorrentes das atividades e funções exercidas na empresa-ré (também de acordo com a prova e ata de instrução)?

15. A autora é portadora de doenças do sistema osteomuscular de origem não ocupacional, mas agravada pela exposição aos agentes de risco existentes no ambiente de trabalho?

16. Tendo em vista que a autora ficou afastada por um período, é correto afirmar que, no mínimo, ocorreu incapacidade total naquele período?

17. Os danos sofridos pela autora provocaram lesão corporal/perturbação funcional e causaram a perda e redução, permanente ou temporária, da capacidade para o trabalho, inclusive e especialmente pelo trabalho pela qual foi contratada?

18. Informe o perito o grau e percentual de incapacidade laboral da autora, especialmente para atividades com posições forçadas e gestos repetitivos; ritmo de trabalho penoso; condições difíceis de trabalho; cumprimento de metas; pressão etc. pela qual foi contratada.

19. Em sendo apresentado qualquer documento ao perito, por ocasião da perícia, ele deverá comprovar com cópia junto ao Laudo Pericial, em forma de anexo, se for o caso, uma vez que o perito não é testemunha e muito menos deve substituir a obrigação da parte, para que possa ser garantida a autora o exercício do direito constitucional do contraditório e do devido processo legal.

14.4. Tipo 4

1. Se a Perita realizou o ato pericial de acordo com o protocolo contido na Instrução Normativa n. 98 de 5 de dezembro de 2003, do INSS e a Resolução n. 1.488 do Conselho Federal de Medicina que dispõe em seu art. 2º.

2. Quais os fatores de risco de natureza ocupacional a que estava exposto o autor?

3. Qual o estado de saúde do autor por ocasião do exame de saúde admissional para o exercício da atividade para a qual foi contratado (auxiliar de produção)?

4. Há prova nos autos de fatores extralaborais?

5. Segundo as doenças do sistema osteomuscular, respiratório (de natureza ocupacional), possui como causas, por exemplo:

✓ Posições forçadas e gestos repetitivos.

✓ Ritmo de trabalho penoso.

✓ Condições difíceis de trabalho.

✓ Exposição ao gás de amônia (usado para esfriar o ambiente).

6. Há dano à saúde do autor em razão da exposição a agente e fator de risco de natureza ocupacional, isto é, o trabalho como provocador, agravador e causa necessária dos danos?

7. Houve dano à saúde do autor em razão da exposição a agente e fator de risco de natureza ocupacional durante o contrato de trabalho?

8. O dano à saúde do autor está relacionado com o trabalho (causa ou concausa)?

9. A deficiência na proteção da saúde do autor, aliada à ineficiência e ineficácia de supostas medidas, ainda assim, contribuíram para instalação e/ou agravamento da doença (dano) no autor?

10. Qual o percentual de perda/inabilitação ou redução/diminuição/depreciação da capacidade para o trabalho (durante e/ou após o afastamento das atividades) pela qual o autor foi contratado pela ré (função realizada)? Explique.

11. O afastamento das atividades pela qual foi contratado contribui para a eventual melhora (estabilização; regressão etc.) do estado de saúde do autor?

12. O autor é portador de doença do trabalho (observar lei da previdência, NTEP e FAP)?

13. Há nos autos a prova do cumprimento das obrigações constantes nos arts. 154 e 157, I a II, da CLT (segurança e medicina do trabalho)?

Capítulo XV

Anexo

Resolução n. 381/2010

CONSELHO FEDERAL DE FISIOTERAPIA E TERAPIA OCUPACIONAL

RESOLUÇÃO N. 381, DE 3 DE NOVEMBRO DE 2010

Dispõe sobre a elaboração e emissão pelo Fisioterapeuta de atestados, pareceres e laudos periciais.

O Plenário do Conselho Federal de Fisioterapia e Terapia Ocupacional, no exercício de suas atribuições legais e regimentais, em sua 208ª Reunião Plenária Ordinária, realizada no dia 03 de novembro de 2010, em sua subsede, situada na Rua Napoleão de Barros, n. 471, Vila Clementino, São Paulo-SP:

CONSIDERANDO suas prerrogativas legais dispostas na Lei Federal 6.316 de 17.12.1975;

CONSIDERANDO o disposto na norma do § 1º do art. 145, da Lei n. 5.869/73 e suas alterações;

CONSIDERANDO o disposto na norma da Resolução COFFITO n. 80, de 9 de maio de 1987;

CONSIDERANDO o disposto na norma do art. 5º da Resolução COFFITO n. 123 de 19 de março de 1991;

CONSIDERANDO o disposto na norma da Resolução COFFITO n. 259, de 18 de dezembro de 2003;

CONSIDERANDO o disposto na norma da Resolução do Conselho Nacional de Educação/CES n. 4 de 19.2.2002, que estabelece as diretrizes curriculares para a formação profissional do Fisioterapeuta;

Resolve:

Art. 1º O Fisioterapeuta no âmbito da sua atuação profissional é competente para elaborar e emitir parecer, atestado ou laudo pericial indicando o grau de capacidade ou incapacidade funcional, com vistas a apontar competências ou incompetências laborais (transitórias ou definitivas), mudanças ou adaptações nas funcionalidades (transitórias ou definitivas) e seus efeitos no desempenho laboral em razão das seguintes solicitações:

a) demanda judicial;

b) readaptação no ambiente de trabalho;

c) afastamento do ambiente de trabalho para a eficácia do tratamento fisioterapêutico;

d) instrução de pedido administrativo ou judicial de aposentadoria por invalidez (incompetência laboral definitiva);

e) instrução de processos administrativos ou sindicâncias no setor público (em conformidade com a Lei 9.784/99) ou no setor privado e

f) e onde mais se fizerem necessários os instrumentos referidos neste artigo.

Art. 2º Atestado trata-se de documento qualificado, afirmando a veracidade sobre as condições do paciente, declarando, certificando o grau de capacidade ou incapacidade funcional com vistas a apontar as competências ou incompetências (transitórias ou definitivas), habilidades ou inabilidades do cliente em acompanhamento terapêutico.

Art. 3º Parecer trata-se de documento contendo opinião do fisioterapeuta acompanhada de documento firmado por este sobre determinada situação que exija conhecimentos técnicos/científicos no âmbito de sua atuação profissional decorrente de controvérsia submetida a alguma espécie de demanda, que não trata necessariamente de um indivíduo em especial. Portanto, significa emitir opinião, fundamentada, sobre aspectos gerais ou específicos da respectiva disciplina (Fisioterapia) em face do grau de capacidade ou incapacidade funcional, com vistas a apontar competências ou incompetências (transitórias ou definitivas), mudanças ou adaptações nas funcionalidades (transitórias ou definitivas) e seus efeitos no desempenho laboral objeto desta Resolução.

Art. 4º Laudo Pericial trata-se de documento contendo opinião/parecer técnico em resposta a uma consulta, decorrente de controvérsia submetida a alguma espécie de demanda. É um documento redigido de forma clara, objetiva, fundamentado e conclusivo. É o relatório da perícia realizada pelo autor do documento, ou seja, é a tradução das impressões captadas por este, em torno do fato litigioso, por meio dos conhecimentos especiais que detém em face do grau de capacidade ou incapacidade funcional, com vistas a apontar as competências ou incompetências (transitórias ou definitivas) de um indivíduo ou de uma coletividade e mudanças ou adaptações nas funcionalidades (transitórias ou definitivas) e seus efeitos no desempenho laboral.

CONSELHO FEDERAL DE MEDICINA

RESOLUÇÃO CFM n. 1.488/1998

(Publicada no DOU, de 6 março 1998, Seção I, p. 150)

Modificada pela Resolução CFM n. 1.810/2006

Modificada pela Resolução CFM n. 1.940/2010

Dispõe de normas específicas para médicos que atendam o trabalhador.

O Conselho Federal de Medicina, no uso das atribuições conferidas pela Lei n. 3.268, de 30 de setembro de 1957, regulamentada pelo Decreto n. 44.045, de 19 de julho de 1958 e,

CONSIDERANDO que o trabalho é um meio de prover a subsistência e a dignidade humana, não devendo gerar mal-estar, doenças e mortes;

CONSIDERANDO que a saúde, a recuperação e a preservação da capacidade de trabalho são direitos garantidos pela Constituição Federal;

CONSIDERANDO que o médico é um dos principais responsáveis pela preservação e promoção da saúde;

CONSIDERANDO a necessidade de normatizar os critérios para estabelecer o nexo causal entre o exercício da atividade laboral e os agravos da saúde;

CONSIDERANDO a necessidade de normatizar a atividade dos médicos que prestam assistência médica ao trabalhador;

CONSIDERANDO o estabelecido no art. 1º, inciso IV, art. 6º e art. 7º, inciso XXII, da Constituição Federal; nos arts. 154 e 168 da Consolidação das Leis do Trabalho, bem como as normas do Código de Ética Médica e a Resolução CREMESP n. 76/96;

CONSIDERANDO as recomendações emanadas da 12ª Reunião do Comitê Misto OIT/OMS, realizada em 5 de abril de 1995, onde foram discutidos aspectos relacionados com a saúde do trabalhador, medicina e segurança do trabalho;

CONSIDERANDO a nova definição da medicina do trabalho, adotada pelo Comitê Misto OIT/OMS, qual seja: proporcionar a promoção e manutenção do mais alto nível de bem-estar físico, mental e social dos trabalhadores;

CONSIDERANDO as deliberações da 49a Assembleia Geral da OMS, realizada em 25.8.96, onde foram discutidas as estratégias mundiais para a prevenção, controle e diminuição dos riscos e das doenças profissionais, melhorando e fortalecendo os serviços de saúde e segurança ligados aos trabalhadores;

CONSIDERANDO que todo médico, independentemente da especialidade ou do vínculo empregatício — estatal ou privado —, responde pela promoção, prevenção e recuperação da saúde coletiva e individual dos trabalhadores;

CONSIDERANDO que todo médico, ao atender seu paciente, deve avaliar a possibilidade de que a causa de determinada doença, alteração clínica ou laboratorial possa estar relacionada com suas atividades profissionais, investigando-a da forma adequada e, caso necessário, verificando o ambiente de trabalho;

CONSIDERANDO, finalmente, o decidido na Sessão Plenária realizada em 11 de fevereiro de 1998,

RESOLVE:

Art. 1º Aos médicos que prestam assistência médica ao trabalhador, independentemente de sua especialidade ou local em que atuem, cabe:

I – assistir ao trabalhador, elaborar seu prontuário médico e fazer todos os encaminhamentos devidos;

II – fornecer atestados e pareceres para o afastamento do trabalho sempre que necessário, CONSIDERANDO que o repouso, o acesso a terapias ou o afastamento de determinados agentes agressivos faz parte do tratamento;

III – fornecer laudos, pareceres e relatórios de exame médico e dar encaminhamento, sempre que necessário, para benefício do paciente e dentro dos preceitos éticos, quanto aos dados de diagnóstico, prognóstico e tempo previsto de tratamento. Quando requerido pelo paciente, deve o médico por à sua disposição tudo o que se refira ao seu atendimento, em especial cópia dos exames e prontuário médico.

Art. 2º Para o estabelecimento do nexo causal entre os transtornos de saúde e as atividades do trabalhador, além do exame clínico (físico e mental) e os exames complementares, quando necessários, deve o médico considerar:

I – a história clínica e ocupacional, decisiva em qualquer diagnóstico e/ou investigação de nexo causal;

II – o estudo do local de trabalho;

III – o estudo da organização do trabalho;

IV – os dados epidemiológicos;

V – a literatura atualizada;

VI – a ocorrência de quadro clínico ou subclínico em trabalhador exposto a condições agressivas;

VII – a identificação de riscos físicos, químicos, biológicos, mecânicos, estressantes e outros;

VIII – o depoimento e a experiência dos trabalhadores;

IX – os conhecimentos e as práticas de outras disciplinas e de seus profissionais, sejam ou não da área da saúde.

Art. 3º Aos médicos que trabalham em empresas, independentemente de sua especialidade, é atribuição:

I – atuar visando essencialmente à promoção da saúde e à prevenção da doença, conhecendo, para tanto, os processos produtivos e o ambiente de trabalho da empresa;

II – avaliar as condições de saúde do trabalhador para determinadas funções e/ou ambientes, indicando sua alocação para trabalhos compatíveis com suas condições de saúde, orientando-o, se necessário, no processo de adaptação;

III – dar conhecimento aos empregadores, trabalhadores, comissões de saúde, CIPAS e representantes sindicais, através de cópias de encaminhamentos, solicitações e outros documentos, dos riscos existentes no ambiente de trabalho, bem como dos outros informes técnicos de que dispuser, desde que resguardado o sigilo profissional;

IV – Promover a emissão de Comunicação de Acidente do Trabalho, ou outro documento que comprove o evento infortunístico, sempre que houver acidente ou moléstia causada pelo trabalho. Essa emissão deve ser feita até mesmo na suspeita de nexo causal da doença com o trabalho. Deve ser fornecida cópia dessa documentação ao trabalhador;

V – Notificar, formalmente, o órgão público competente quando houver suspeita ou comprovação de transtornos da saúde atribuíveis ao trabalho, bem como recomendar ao empregador a adoção dos procedimentos cabíveis, independentemente da necessidade de afastar o empregado do trabalho.

Art. 4º São deveres dos médicos de empresa que prestam assistência médica ao trabalhador, independentemente de sua especialidade:

I – atuar junto à empresa para eliminar ou atenuar a nocividade dos processos de produção e organização do trabalho, sempre que haja risco de agressão à saúde;

II – promover o acesso ao trabalho de portadores de afecções e deficiências para o trabalho, desde que este não as agrave ou ponha em risco sua vida;

III – opor-se a qualquer ato discriminatório impeditivo do acesso ou permanência da gestante no trabalho, preservando-a, e ao feto, de possíveis agravos ou riscos decorrentes de suas funções, tarefas e condições ambientais.

Art. 5º Os médicos do trabalho (como tais reconhecidos por lei), especialmente aqueles que atuem em empresa como contratados, assessores ou consultores em saúde do trabalhador, serão responsabilizados por atos que concorram para agravos à saúde dessa clientela conjuntamente com os outros médicos que atuem na empresa e que estejam sob sua supervisão nos procedimentos que envolvam a saúde do trabalhador, especialmente com relação à ação coletiva de promoção e proteção à sua saúde.

Art. 6º São atribuições e deveres do perito-médico de instituições previdenciárias e seguradoras:

I – avaliar a capacidade de trabalho do segurado, através do exame clínico, analisando documentos, provas e laudos referentes ao caso;

II – subsidiar tecnicamente a decisão para a concessão de benefícios;

III – comunicar, por escrito, o resultado do exame médico-pericial ao periciando, com a devida identificação do perito-médico (CRM, nome e matrícula);

IV – orientar o periciando para tratamento quando eventualmente não o estiver fazendo e encaminhá-lo para reabilitação, quando necessária.

Art. 7º Perito-médico judicial é aquele designado pela autoridade judicial, assistindo-a naquilo que a lei determina.

Art. 8º Assistente técnico é o médico que assiste às partes em litígio.

Art. 9º Em ações judiciais, o prontuário médico, exames complementares ou outros documentos poderão ser liberados por autorização expressa do próprio assistido.

Art. 10 – São atribuições e deveres do perito-médico judicial e assistentes técnicos:

I – examinar clinicamente o trabalhador e solicitar os exames complementares necessários;

II – o perito-médico judicial e assistentes técnicos, ao vistoriarem o local de trabalho, devem fazer-se acompanhar, se possível, pelo próprio trabalhador que está sendo objeto da perícia, para melhor conhecimento do seu ambiente de trabalho e função;

III – estabelecer o nexo causal, CONSIDERANDO o exposto no art. 4º, § 2º e incisos. (redação aprovada dada pela Resolução CFM n. 1.940/2010)

Art. 11 – Deve o perito-médico judicial fornecer cópia de todos os documentos disponíveis para que os assistentes técnicos elaborem seus pareceres. Caso o perito-médico judicial necessite vistoriar a empresa (locais de trabalho e documentos sob sua guarda), ele deverá informar oficialmente o fato, com a devida antecedência, aos assistentes técnicos das partes (ano, mês, dia e hora da perícia).

Art. 12 – O médico de empresa, o médico responsável por qualquer programa de controle de saúde ocupacional de empresa e o médico participante do serviço especializado em Segurança e Medicina do Trabalho não podem atuar como peritos judiciais, securitários, previdenciários ou assistentes técnicos, nos casos que envolvam a firma contratante e/ou seus assistidos (atuais ou passados). (Redação aprovada pela Resolução CFM n. 1.810/2006)

(Por ordem judicial — Proc. 2007.34.00.032067-4 — este artigo não se aplica aos médicos integrantes dos quadros da COPEL)

(Por ordem judicial — Proc. 2009.34.00.003451-8 — este artigo não se aplica aos médicos integrantes dos quadros da FUNASA)

(Por ordem judicial — Proc. 2009.34.00.037277-2 — este artigo não se aplica aos médicos integrantes dos quadros da TRANSPETRO)

(Por ordem judicial — Proc. 2010.50.01.0010250-5 — este artigo não se aplica aos médicos integrantes dos quadros da CODESA)

Art. 13 – A presente Resolução entrará em vigor na data de sua publicação, revogando-se as disposições em contrário.

Brasília-DF, 11 de fevereiro de 1998.

WALDIR PAIVA MESQUITA

ANTÔNIO HENRIQUE PEDROSA NETO

Presidente Secretário-Geral

Presidente Secretário-Geral

LEI N. 12.842, DE 10 DE JULHO DE 2013

Mensagem de veto
Vigência

Dispõe sobre o exercício da Medicina.

A PRESIDENTA DA REPÚBLICA Faço saber que o Congresso Nacional decreta e eu sanciono a seguinte Lei:

Art. 1º O exercício da Medicina é regido pelas disposições desta Lei.

Art. 2º O objeto da atuação do médico é a saúde do ser humano e das coletividades humanas, em benefício da qual deverá agir com o máximo de zelo, com o melhor de sua capacidade profissional e sem discriminação de qualquer natureza.

Parágrafo único. O médico desenvolverá suas ações profissionais no campo da atenção à saúde para:

I – a promoção, a proteção e a recuperação da saúde;

II – a prevenção, o diagnóstico e o tratamento das doenças;

III – a reabilitação dos enfermos e portadores de deficiências.

Art. 3º O médico integrante da equipe de saúde que assiste o indivíduo ou a coletividade atuará em mútua colaboração com os demais profissionais de saúde que a compõem.

Art. 4º São atividades privativas do médico:

I – (VETADO);

II – indicação e execução da intervenção cirurgica e prescrição dos cuidados médicos pré e pós-operatórios;

III – indicação da execução e execução de procedimentos invasivos, sejam diagnósticos, terapêuticos ou estéticos, incluindo os acessos vasculares profundos, as biópsias e as endoscopias;

IV – intubação traqueal;

V – coordenação da estratégia ventilatória inicial para a ventilação mecânica invasiva, bem como das mudanças necessárias diante das intercorrências clínicas, e do programa de interrupção da ventilação mecânica invasiva, incluindo a desintubação traqueal;

VI – execução de sedação profunda, bloqueios anestésicos e anestesia geral;

VII – emissão de laudo dos exames endoscópicos e de imagem, dos procedimentos diagnósticos invasivos e dos exames anatomopatológicos;

VIII – (VETADO);

IX – (VETADO);

X – determinação do prognóstico relativo ao diagnóstico nosológico;

XI – indicação de internação e alta médica nos serviços de atenção à saúde;

XII – realização de perícia médica e exames médico-legais, excetuados os exames laboratoriais de análises clínicas, toxicológicas, genéticas e de biologia molecular;

XIII – atestação médica de condições de saúde, doenças e possíveis sequelas;

XIV – atestação do óbito, exceto em casos de morte natural em localidade em que não haja médico.

§ 1º Diagnóstico nosológico é a determinação da doença que acomete o ser humano, aqui definida como interrupção, cessação ou distúrbio da função do corpo, sistema ou órgão, caracterizada por, no mínimo, 2 (dois) dos seguintes critérios:

I – agente etiológico reconhecido;

II – grupo identificável de sinais ou sintomas;

III – alterações anatômicas ou psicopatológicas.

§ 2º (VETADO).

§ 3º As doenças, para os efeitos desta Lei, encontram-se referenciadas na versão atualizada da Classificação Estatística Internacional de Doenças e Problemas Relacionados à Saúde.

§ 4º Procedimentos invasivos, para os efeitos desta Lei, são os caracterizados por quaisquer das seguintes situações:

I – (VETADO);

II – (VETADO);

III – invasão dos orifícios naturais do corpo, atingindo órgãos internos.

§ 5º Excetuam-se do rol de atividades privativas do médico:

I – (VETADO);

II – (VETADO);

III – aspiração nasofaringeana ou orotraqueal;

IV – (VETADO);

V – realização de curativo com desbridamento até o limite do tecido subcutâneo, sem a necessidade de tratamento cirúrgico;

VI – atendimento à pessoa sob risco de morte iminente;

VII – realização de exames citopatológicos e seus respectivos laudos;

VIII – coleta de material biológico para realização de análises clínico-laboratoriais;

IX – procedimentos realizados através de orifícios naturais em estruturas anatômicas visando à recuperação físico-funcional e não comprometendo a estrutura celular e tecidual.

§ 6º O disposto neste artigo não se aplica ao exercício da Odontologia, no âmbito de sua área de atuação.

§ 7º O disposto neste artigo será aplicado de forma que sejam resguardadas as competências próprias das profissões de assistente social, biólogo, biomédico, enfermeiro, farmacêutico, fisioterapeuta, fonoaudiólogo, nutricionista, profissional de educação física, psicólogo, terapeuta ocupacional e técnico e tecnólogo de radiologia.

Art. 5º São privativos de médico:

I – (VETADO);

II – perícia e auditoria médicas; coordenação e supervisão vinculadas, de forma imediata e direta, às atividades privativas de médico;

III – ensino de disciplinas especificamente médicas;

IV – coordenação dos cursos de graduação em Medicina, dos programas de residência médica e dos cursos de pós-graduação específicos para médicos.

Parágrafo único – A direção administrativa de serviços de saúde não constitui função privativa de médico.

Art. 6º A denominação de "médico" é privativa dos graduados em cursos superiores de Medicina, e o exercício da profissão, dos inscritos no Conselho Regional de Medicina com jurisdição na respectiva unidade da Federação.

Art. 6º A denominação 'médico' é privativa do graduado em curso superior de Medicina reconhecido e deverá constar obrigatoriamente dos diplomas emitidos por instituições de educação superior credenciadas na forma do art. 46 da Lei n. 9.394, de 20 de dezembro de 1996 (Lei de Diretrizes e Bases da Educação Nacional), vedada a denominação 'bacharel em Medicina'. (Redação dada pela Lei n. 134.270, de 2016)

Art. 7º Compreende-se entre as competências do Conselho Federal de Medicina editar normas para definir o caráter experimental de procedimentos em Medicina, autorizando ou vedando a sua prática pelos médicos.

Parágrafo único – A competência fiscalizadora dos Conselhos Regionais de Medicina abrange a fiscalização e o controle dos procedimentos especificados no *caput*, bem como a aplicação das sanções pertinentes em caso de inobservância das normas determinadas pelo Conselho Federal.

Art. 8º Esta Lei entra em vigor 60 (sessenta) dias após a data de sua publicação.

Brasília, 10 de julho de 2013; 192º da Independência e 125º da República.

DILMA ROUSSEFF
Guido Mantega
Manoel Dias
Alexandre Rocha Santos Padilha
Miriam Belchior
Gilberto Carvalho

MENSAGEM N. 287, DE 10 DE JULHO DE 2013.

Senhor Presidente do Senado Federal,

Comunico a Vossa Excelência que, nos termos do § 1º do art. 66 da Constituição, decidi vetar parcialmente, por contrariedade ao interesse público, o Projeto de Lei n. 268, de 2002 (n. 7.703/06 na Câmara dos Deputados), que "Dispõe sobre o exercício da Medicina".

Ouvidos, os Ministérios da Saúde, do Planejamento, Orçamento e Gestão, da Fazenda e a Secretaria-Geral da Presidência da República manifestaram-se pelo veto aos seguintes dispositivos:

Inciso I do *caput* e § 2º do art. 4º

"I – formulação do diagnóstico nosológico e respectiva prescrição terapêutica;"

"§ 2º Não são privativos do médico os diagnósticos funcional, cinésio-funcional, psicológico, nutricional e ambiental, e as avaliações comportamental e das capacidades mental, sensorial e perceptocognitiva."

Razões dos vetos

"O texto inviabiliza a manutenção de ações preconizadas em protocolos e diretrizes clínicas estabelecidas no Sistema Único de Saúde e em rotinas e protocolos consagrados nos estabelecimentos privados de saúde. Da forma como foi redigido, o inciso I impediria a continuidade de inúmeros programas do Sistema Único de Saúde que funcionam a partir da atuação integrada dos profissionais de saúde, contando, inclusive, com a realização do diagnóstico nosológico por profissionais de outras áreas que não a médica. É o caso dos programas de prevenção e controle à malária, tuberculose, hanseníase e doenças sexualmente transmissíveis, dentre outros. Assim, a sanção do texto poderia comprometer as políticas públicas da área de saúde, além de introduzir elevado risco de judicialização da matéria.

O veto do inciso I implica também o veto do § 2º, sob pena de inverter completamente o seu sentido. Por tais motivos, o Poder Executivo apresentará nova proposta que mantenha a conceituação técnica adotada, porém compatibilizando-a com as práticas do Sistema Único de Saúde e dos estabelecimentos privados."

Os Ministérios da Saúde, do Planejamento, Orçamento e Gestão e a Secretaria-Geral da Presidência da República opinaram, ainda, pelo veto aos dispositivos a seguir transcritos:

Incisos VIII e IX do art. 4º

"VIII – indicação do uso de órteses e próteses, exceto as órteses de uso temporário;

IX – prescrição de órteses e próteses oftalmológicas;"

Razões dos vetos

"Os dispositivos impossibilitam a atuação de outros profissionais que usualmente já prescrevem, confeccionam e acompanham o uso de órteses e próteses que, por suas especificidades, não requerem indicação médica. Tais competências já estão inclusive reconhecidas pelo Sistema Único de Saúde e pelas diretrizes curriculares de diversos cursos de graduação na área de saúde. Trata-se, no caso do inciso VIII, dos calçados ortopédicos, das muletas axilares, das próteses mamárias, das cadeiras de rodas, dos andadores, das próteses auditivas, dentre outras. No caso do inciso IX, a Organização Mundial da Saúde e a Organização Pan-Americana de Saúde já reconhecem o papel de profissionais não médicos no atendimento de saúde visual, entendimento este que vem sendo respaldado no País pelo Superior Tribunal de Justiça. A manutenção do texto teria um impacto negativo sobre o atendimento à saúde nessas hipóteses."

Incisos I e II do § 4º do art. 4º

"I – invasão da epiderme e derme com o uso de produtos químicos ou abrasivos;

II – invasão da pele atingindo o tecido subcutâneo para injeção, sucção, punção, insuflação, drenagem, instilação ou enxertia, com ou sem o uso de agentes químicos ou físicos;"

Razões dos vetos

"Ao caracterizar de maneira ampla e imprecisa o que seriam procedimentos invasivos, os dois dispositivos atribuem privativamente aos profissionais médicos um rol extenso de procedimentos, incluindo alguns que já estão consagrados no Sistema Único de Saúde a partir de uma perspectiva multiprofissional. Em particular, o projeto de lei restringe a execução de punções e drenagens e transforma a prática da acupuntura em privativa dos médicos, restringindo as possibilidades de atenção à saúde e contrariando a Política Nacional de Práticas Integrativas e Complementares do Sistema Único de Saúde. O Poder Executivo apresentará nova proposta para caracterizar com precisão tais procedimentos."

Incisos I, II e IV do § 5º do art. 4º

"I – aplicação de injeções subcutâneas, intradérmicas, intramusculares e intravenosas, de acordo com a prescrição médica;

II – cateterização nasofaringeana, orotraqueal, esofágica, gástrica, enteral, anal, vesical, e venosa periférica, de acordo com a prescrição médica;"

"IV – punções venosa e arterial periféricas, de acordo com a prescrição médica;"

Razões dos vetos

"Ao condicionar os procedimentos à prescrição médica, os dispositivos podem impactar significativamente o atendimento nos estabelecimentos privados de saúde e as políticas públicas do Sistema Único de Saúde, como o desenvolvimento das campanhas de vacinação. Embora esses procedimentos comumente necessitem de uma avaliação médica, há situações em que podem ser executados por outros profissionais de saúde sem a obrigatoriedade da referida prescrição médica, baseados em protocolos do Sistema Único de Saúde e dos estabelecimentos privados."

Inciso I do art. 5º

"I – direção e chefia de serviços médicos;"

Razões dos vetos

"Ao não incluir uma definição precisa de 'serviços médicos', o projeto de lei causa insegurança sobre a amplitude de sua aplicação. O Poder Executivo apresentará uma nova proposta que preservará a lógica do texto, mas conceituará o termo de forma clara."

Essas, Senhor Presidente, as razões que me levaram a vetar os dispositivos acima mencionados do projeto em causa, as quais ora submeto à elevada apreciação dos Senhores Membros do Congresso Nacional.

Instrução Normativa n. 98 INSS/DC, de 5 de dezembro de 2003 — DOU de 10.12.2003

Aprova Norma Técnica sobre Lesões por Esforços Repetitivos-LER ou Distúrbios Osteomusculares Relacionados ao Trabalho–DORT.

FUNDAMENTAÇÃO LEGAL:

Lei n. 8.112, de 24 de julho de 1991;

Lei n. 8.213, de 24 de julho de 1991;

Decreto n. 3.048, de 6 de maio de 1999.

A DIRETORIA COLEGIADA DO INSTITUTO NACIONAL DO SEGURO SOCIAL, em Reunião Extraordinária realizada no dia 5 de dezembro de 2003, no uso da competência que lhe confere o Decreto n. 4.688, de 7 de maio de 2003,

Considerando a necessidade de rever a Norma Técnica sobre Distúrbios Osteomusculares Relacionados ao Trabalho – DORT, aprovada pela Ordem de Serviço INSS/DSS N. 606, de 5 de agosto de 1998, em razão das constantes reivindicações da população trabalhadora;

Considerando a necessidade de simplificar, uniformizar e adequar a atividade médico-pericial frente ao atual nível de conhecimento da síndrome das Lesões por Esforços Repetitivos–LER, e dos Distúrbios Osteomusculares Relacionados ao Trabalho–DORT;

Considerando a evolução da Medicina do Trabalho, da Medicina Assistencial e Preventiva e dos meios de diagnósticos, bem como a nova realidade social,

RESOLVE:

Art. 1º Aprovar a Norma Técnica sobre Lesões por Esforços Repetitivos ou Distúrbios Osteomusculares Relacionados ao Trabalho, constante do anexo, a qual possui duas seções:

SEÇÃO I – Atualização clínica: Lesões por Esforços Repetitivos ou Distúrbios Osteomusculares Relacionados ao Trabalho.

SEÇÃO II – Norma Técnica de Avaliação da Incapacidade Laborativa.

Art. 2º O Diretor de Benefícios, por meio de Orientação Interna, definirá as rotinas e os procedimentos a serem adotados pelas áreas de Perícia Médica e de Reabilitação Profissional.

Art. 3º Esta Instrução Normativa entra em vigor na data de sua publicação, e revoga as disposições em contrário, especialmente a Ordem de Serviço INSS/DSS N. 606, de 5 de agosto de 1998.

ANEXO

INSTRUÇÃO NORMATIVA INSS/DC, N.98 DE 5 DE DEZEMBRO DE 2003

SEÇÃO I

ATUALIZAÇÃO CLÍNICA DAS LESÕES POR ESFORÇOS REPETITIVOS (LER) DISTÚRBIOS OSTEOMUSCULARES RELACIONADOS AO TRABALHO (DORT)

1. INTRODUÇÃO

As Lesões por Esforços Repetitivos (LER) ou Distúrbios Osteomusculares Relacionados ao Trabalho (DORT) têm se constituído em grande problema da saúde pública em muitos dos países industrializados.

A terminologia DORT tem sido preferida por alguns autores em relação a outros tais como: Lesões por Traumas Cumulativos (LTC), Lesões por Esforços Repetitivos (LER), Doença Cervicobraquial Ocupacional (DCO), e Síndrome de Sobrecarga Ocupacional (SSO), por evitar que na própria denominação já se apontem causas definidas (como por exemplo: "cumulativo" nas LTC e "repetitivo" nas LER) e os efeitos (como por exemplo: "lesões" nas LTC e LER).

Para fins de atualização desta norma, serão utilizados os termos Lesões por Esforços Repetitivos/Distúrbios Osteomusculares Relacionados ao Trabalho (LER/DORT).

2. CONCEITO

Entende-se LER/DORT como uma síndrome relacionada ao trabalho, caracterizada pela ocorrência de vários sintomas concomitantes ou não, tais como: dor, parestesia, sensação de peso, fadiga, de aparecimento insidioso, geralmente nos membros superiores, mas podendo acometer membros inferiores. Entidades neuro-ortopédicas definidas como tenossinovites, sinovites, compressões de nervos periféricos, síndromes miofaciais, que podem ser identificadas ou não. Frequentemente são causa de incapacidade laboral temporária ou permanente. São resultado da combinação da sobrecarga das estruturas anatômicas do sistema osteomuscular com a falta de tempo para sua recuperação. A sobrecarga pode ocorrer seja pela utilização excessiva de determinados grupos musculares em movimentos repetitivos com ou sem exigência de esforço localizado, seja pela permanência de segmentos do corpo em determinadas posições por tempo prolongado, particularmente quando essas posições exigem esforço ou resistência das estruturas músculo-esqueléticas contra a gravidade. A necessidade de concentração e atenção do trabalhador para realizar suas atividades e a tensão imposta pela organização do trabalho, são fatores que interferem de forma significativa para a ocorrência das LER/DORT.

O Ministério da Previdência Social e o Ministério da Saúde, respectivamente, por meio do Decreto n. 3.048/99, anexo II, e da Portaria n. 1.339/99, organizaram uma lista extensa, porém exemplificativa, de doenças do sistema osteomuscular e do tecido conjuntivo relacionadas ao trabalho.

3. ASPECTOS EPIDEMIOLÓGICOS E LEGAIS

Com o advento da Revolução Industrial, quadros clínicos decorrentes de sobrecarga estática e dinâmica do sistema osteomuscular tornaram-se mais numerosos. No entanto, apenas a partir da segunda metade do século, esses quadros osteomusculares adquiriram expressão em número e relevância social, com a racionalização e inovação técnica na indústria, atingindo, inicialmente, de forma particular, perfuradores de cartão. A alta prevalência das LER/DORT tem sido explicada por transformações do trabalho e das empresas. Estas têm se caracterizado pelo estabelecimento de metas e produtividade, considerando apenas suas necessidades, particularmente a qualidade dos produtos e serviços e competitividade de mercado, sem levar em conta os trabalhadores e seus limites físicos e psicossociais. Há uma exigência de adequação dos trabalhadores às características organizacionais das empresas, com intensificação do trabalho e padronização dos procedimentos, impossibilitando qualquer manifestação de criatividade e flexibilidade, execução de movimentos repetitivos, ausência e impossibilidade de pausas espontâneas, necessidade de permanência em determinadas posições por tempo prolongado, exigência de informações específicas, atenção para não errar e submissão a monitoramento de cada etapa dos procedimentos, além de mobiliário, equipamentos e instrumentos que não propiciam conforto.

Entre os vários países que viveram epidemias de LER/DORT estão a Inglaterra, os países escandinavos, o Japão, os Estados Unidos, a Austrália e o Brasil. A evolução das epidemias nesses países foi variada e alguns deles continuam ainda com problemas significativos.

O advento das LER/DORT em grande número de pessoas, em diferentes países, provocou uma mudança no conceito tradicional de que o trabalho pesado, envolvendo esforço físico, é mais desgastante que o trabalho leve, envolvendo esforço mental, com sobrecarga dos membros superiores e relativo gasto de energia.

No Brasil, as LER/DORT foram primeiramente descritas como tenossinovite ocupacional. Foram apresentados, no XII Congresso Nacional de Prevenção de Acidentes do Trabalho – 1973, casos de tenossinovite ocupacional em lavadeiras, limpadoras e engomadeiras, recomendando-se que fossem observadas pausas de trabalho daqueles que operavam intensamente com as mãos.

No campo social, sobretudo na década de 80, os sindicatos dos trabalhadores em processamento de dados travaram uma luta pelo enquadramento da tenossinovite como doença do trabalho.

Monteiro (1995) descreve com detalhes a trajetória do processo de reconhecimento das LER/DORT no Brasil. Em novembro de 1986, a direção geral do Instituto Nacional de Assistência Médica da Previdência Social (INAMPS) publicou a Circular de Origem n. 501.001.55 n. 10, pela qual orientava as Superintendências para que reconhecessem a tenossinovite como doença do trabalho, quando resultante de "movimentos articulares intensos e reiterados, equiparando-se nos termos do § 3º, do art. 2º da Lei n. 6.367, de 19.10.76, a um acidente do trabalho". Ainda nessa Circular, há referência a "todas as afecções que, relacionadas ao trabalho, resultem de sobrecarga das bainhas tendinosas, do tecido peritendinoso e das inserções musculares e tendinosas, sobrecarga essa a que, entre outras categorias profissionais, frequentemente se expõem digitadores de dados, mecanógrafos, datilógrafos, pianistas, caixas, grampeadores, costureiras e lavadeiras".

Em 6 de agosto de 1987, o então Ministro de Estado da Previdência e Assistência Social, com base em pareceres do então Instituto Nacional de Previdência Social (INPS) e INAMPS, constantes no Processo n. 30.000.006119/87, originado de requerimento do Sindicato dos Empregados em Empresas de Processamento de Dados do Estado do Rio de Janeiro, publicou a Portaria n. 4.062, reconhecendo que "a tenossinovite do digitador" podia ser considerada uma doença ocupacional. Também essa Portaria enquadrava a "síndrome" no § 3º, do art. 2º da Lei n. 6.379/76 como doença do trabalho e estendia a peculiaridade do esforço repetitivo a determinadas categorias, além dos digitadores, tais como datilógrafos, pianistas, entre outros.

Em 23.11.1990, o Ministro do Trabalho publicou a Portaria n. 3.751 alterando a NR 17 e atualizando a Portaria n. 3.214/78. Embora não se tratasse de uma Portaria exclusiva para a prevenção das LER/DORT, abordava aspectos das condições de trabalho que propiciavam a ocorrência dessa síndrome. Estabelecia, por exemplo, que "nas atividades que exigissem sobrecarga muscular estática ou dinâmica do pescoço, ombros, dorso e membros superiores e inferiores, e partir da análise ergonômica do trabalho", o sistema de avaliação de desempenho para efeito de remuneração e vantagens de qualquer espécie devia levar em consideração as repercussões sobre a saúde do trabalhador. Também estabelecia pausas para descanso e para as atividades de processamento eletrônico de dados, limitava a oito mil o número máximo de toques por hora e a cinco horas o tempo máximo efetivo de trabalho de entrada de dados na jornada de trabalho.

Em 1991, o então Ministério unificado do Trabalho e da Previdência Social, na sua série Normas Técnicas para Avaliação de Incapacidade, publicou as normas referentes às LER, que continham critérios de diagnóstico e tratamento, ressaltavam aspectos epidemiológicos com base na experiência do Núcleo de Saúde do Trabalhador do INSS de Minas Gerais, descrevendo casos entre diversas categorias profissionais, tais como: digitador, controlador de qualidade, embalador, enfitadeiro, montador de chicote, montador de tubos de imagem, operador de máquinas, operador de terminais de computador, auxiliar de administração, auxiliar de contabilidade, operador de telex, datilógrafo, pedreiro, secretário, técnico administrativo, telefonista, auxiliar de cozinha e copeiro, eletricista, escriturário, operador de caixa, recepcionista, faxineiro, ajudante de laboratório, viradeiro e vulcanizador.

Em 1992, foi a vez do Sistema Único de Saúde por meio da Secretaria de Estado da Saúde de São Paulo e das Secretarias de Estado do Trabalho e Ação Social e da Saúde de Minas Gerais publicarem resoluções sobre o assunto.

Em 1993, o INSS publicou uma revisão das suas normas sobre LER, ampliando o seu conceito, reconhecendo na sua etiologia além dos fatores biomecânicos, os relacionados à organização do trabalho.

Em 1998, em substituição às normas de 1993, o INSS publicou a OS N. 606/98, objeto da presente revisão.

4. FATORES DE RISCO

O desenvolvimento das LER/DORT é multicausal, sendo importante analisar os fatores de risco envolvidos direta ou indiretamente. A expressão "fator de risco" designa, de maneira geral, os fatores do trabalho relacionados com as LER/DORT. Os fatores foram estabelecidos na maior parte dos casos, por meio de observações empíricas e depois confirmados com estudos epidemiológicos.

Os fatores de risco não são independentes. Na prática, há a interação destes fatores nos locais de trabalho. Na identificação dos fatores de risco, deve-se integrar as diversas informações.

Na caracterização da exposição aos fatores de risco, alguns elementos são importantes, dentre outros:

a) a região anatômica exposta aos fatores de risco;

b) a intensidade dos fatores de risco;

c) a organização temporal da atividade (por exemplo: a duração do ciclo de trabalho, a distribuição das pausas ou a estrutura de horários);

d) o tempo de exposição aos fatores de risco.

Os grupos de fatores de risco das LER podem ser relacionados com (Kuorinka e Forcier, 1995):

a) o grau de adequação do posto de trabalho à zona de atenção e à visão. A dimensão do posto de trabalho pode forçar os indivíduos a adotarem posturas ou métodos de trabalho que causam ou agravam as lesões osteomusculares;

b) o frio, as vibrações e as pressões locais sobre os tecidos. A pressão mecânica localizada é provocada pelo contato físico de cantos retos ou pontiagudos de um objeto ou ferramentas com tecidos moles do corpo e trajetos nervosos;

c) as posturas inadequadas. Em relação à postura existem três mecanismos que podem causar as LER/DORT:

c.1) os limites da amplitude articular;

c.2) a força da gravidade oferecendo uma carga suplementar sobre as articulações e músculos;

c.3) as lesões mecânicas sobre os diferentes tecidos;

d) a carga osteomuscular. A carga osteomuscular pode ser entendida como a carga mecânica decorrente:

d.1) de uma tensão (por exemplo, a tensão do bíceps);

d.2) de uma pressão (por exemplo, a pressão sobre o canal do carpo);

d.3) de uma fricção (por exemplo, a fricção de um tendão sobre a sua bainha);

d.4) de uma irritação (por exemplo, a irritação de um nervo).

Entre os fatores que influenciam a carga osteomuscular, encontramos: a força, a repetitividade, a duração da carga, o tipo de preensão, a postura do punho e o método de trabalho;

e) a carga estática. A carga estática está presente quando um membro é mantido numa posição que vai contra a gravidade. Nesses casos, a atividade muscular não pode se reverter a zero (esforço estático). Três aspectos servem para caracterizar a presença de posturas estáticas: a fixação postural observada, as tensões ligadas ao trabalho, sua organização e conteúdo;

f) a invariabilidade da tarefa. A invariabilidade da tarefa implica monotonia fisiológica e/ou psicológica;

g) as exigências cognitivas. As exigências cognitivas podem ter um papel no surgimento das LER/DORT, seja causando um aumento de tensão muscular, seja causando uma reação mais generalizada de estresse;

h) os fatores organizacionais e psicossociais ligados ao trabalho. Os fatores psicossociais do trabalho são as percepções subjetivas que o trabalhador tem dos fatores de organização do trabalho. Como exemplo de fatores psicossociais podemos citar: considerações relativas à carreira, à carga e ritmo de trabalho e ao ambiente social e técnico do trabalho. A "percepção" psicológica que o indivíduo tem das exigências do trabalho é o resultado das características físicas da carga, da personalidade do indivíduo, das experiências anteriores e da situação social do trabalho.

5. DIAGNÓSTICO

Reproduzimos abaixo, parte do fascículo 105, Série A. Normas e Manuais Técnicos, do Ministério da Saúde (2001), que detalha procedimentos diagnósticos.

"O diagnóstico de LER/DORT consiste, como em qualquer caso, nas etapas habituais de investigação clínica, com os objetivos de se estabelecer a existência de uma ou mais entidades nosológicas, os fatores etiológicos e de agravamento:

a) história da moléstia atual — As queixas mais comuns entre os trabalhadores com LER/DORT são a dor localizada, irradiada ou generalizada, desconforto, fadiga e sensação de peso. Muitos relatam formigamento, dormência, sensação de diminuição de força, edema e enrijecimento muscular, choque, falta de firmeza nas mãos, sudorese excessiva, alodínea (sensação de dor como resposta a estímulos não nocivos em pele normal). São queixas encontradas em diferentes graus de gravidade do quadro clínico.

É importante caracterizar as queixas quanto ao tempo de duração, localização, intensidade, tipo ou padrão, momentos e formas de instalação, fatores de melhora e piora, variações no tempo.

O início dos sintomas é insidioso, com predominância nos finais de jornada de trabalho ou durante os picos de produção, ocorrendo alívio com o repouso noturno e nos finais de semana. Poucas vezes o paciente se dá conta de sua ocorrência precocemente. Por serem intermitentes, de curta duração e de leve intensidade, passam por cansaço passageiro ou "mau jeito". A necessidade de responder às exigências do trabalho, o medo de desemprego, a falta de informação e outras contingências, principalmente nos momentos de crise que vivemos, estimulam o paciente a suportar seus sintomas e a continuar trabalhando como se nada estivesse ocorrendo.

Aos poucos, os sintomas intermitentemente tornam-se presentes por mais tempo durante a jornada de trabalho e, às vezes, passam a invadir as noites e finais de semana. Nessa fase, há um aumento relativamente significativo de pessoas que procuram auxílio médico, por não conseguirem mais responder à demanda da função. No entanto, nem sempre conseguem receber informações dos médicos sobre procedimentos adequados para conter a progressão do problema.

Muitas vezes recebem tratamento baseado apenas em antiinflamatórios e sessões de fisioterapia, que "mascaram" transitoriamente os sintomas, sem que haja ação de controle de fatores desencadeantes e agravantes. O paciente permanece, assim, submetido à sobrecarga estática e dinâmica do sistema músculo-esquelético, e os sintomas evoluem de forma tão intensa, que sua permanência no posto de trabalho se dá às custas de muito esforço. Não ocorrendo mudanças nas condições de trabalho, há grandes chances de piora progressiva do quadro clínico.

Em geral, o alerta só ocorre para o paciente quando os sintomas passam a existir, mesmo por ocasião da realização de esforços mínimos, comprometendo a capacidade funcional, seja no trabalho ou em casa.

Com o passar do tempo, os sintomas aparecem espontaneamente e tendem a se manter continuamente, com a existência de crises de dor intensa, geralmente desencadeadas por movimentos bruscos, pequenos esforços físicos, mudança de temperatura ambiente, nervosismo, insatisfação e tensão. Às vezes, as crises ocorrem sem nenhum fator desencadeante aparente. Essas características já fazem parte de um quadro mais grave de dor crônica, que merecerá uma abordagem especial por parte do médico, integrado em uma equipe multidisciplinar.

Nessa fase, dificilmente o trabalhador consegue trabalhar na mesma função e várias de suas atividades cotidianas estão comprometidas.

É comum que se identifiquem evidências de ansiedade, angústia, medo e depressão, pela incerteza do futuro tanto do ponto de vista profissional, como do pessoal. Embora esses sintomas sejam comuns a quase todos os pacientes, com longo tempo de evolução, às vezes, mesmo pacientes com pouco tempo de queixas também os apresentam, por testemunharem problemas que seus colegas nas mesmas condições enfrentam, seja pela duração e dificuldade de tratamento, seja pela necessidade de peregrinação na estrutura burocrática da Previdência Social, seja pelas repercussões nas relações com a família, colegas e empresa.

Especial menção deve ser feita em relação à dor crônica dos pacientes com LER/DORT. Trata-se de quadro caracterizado por dor contínua, espontânea, atingindo segmentos extensos, com crises álgicas de duração variável e existência de comprometimento importante das atividades da vida diária. Estímulos que, a princípio não deveriam provocar dor, causam sensações de dor intensa, acompanhadas muitas vezes de choque e formigamento. Os achados de exame físico podem ser extremamente discretos e muitas vezes os exames complementares nada evidenciam, restando apenas as queixas do paciente, que, por definição, são subjetivas. O tratamento convencional realizado para dor aguda não produz efeito significativo, e para o profissional pouco habituado com o seu manejo, parece incompreensível que pacientes há muito tempo afastados do trabalho e sob tratamento, apresentem melhora pouco significativa e mantenham períodos de crises intensas.

Essa situação frequentemente desperta sentimentos de impotência e "desconfiança" no médico, que se julga "enganado" pelo paciente, achando que o problema é de ordem exclusivamente psicológica ou de tentativa de obtenção de ganhos secundários. Do lado de alguns pacientes, essa evolução extremamente incômoda e sofrida, traz depressão e falta de esperança, despertando o sentimento de necessidade de "provar a todo o custo" que realmente têm o problema e que não se trata de "invenção de sua cabeça".

b) Investigação dos diversos aparelhos — como em qualquer caso clínico, é importante que outros sintomas ou doenças sejam investigados.

A pergunta que se deve fazer é: tais sintomas ou doenças mencionados podem ter influência na determinação e/ou agravamento do caso? Lembremos de algumas situações que podem causar ou agravar sintomas do sistema músculo-esquelético e do sistema nervoso periférico, como por exemplo: trauma, doenças do colágeno, artrites, diabetes mellitus, hipotireoidismo, anemia megaloblástica, algumas neoplasias, artrite reumatóide, espondilite anquilosante, esclerose sitêmica, polimiosite, gravidez e menopausa.

Para ser significativo como causa, o fator não ocupacional precisa ter intensidade e frequência similar àquela dos fatores ocupacionais conhecidos. O achado de uma patologia não ocupacional não descarta de forma alguma a existência concomitante de LER/DORT. Não esquecer que um paciente pode ter dois ou três problemas ao mesmo tempo. Não há regra matemática neste caso: é impossível determinar com exatidão a porcentagem de influência de fatores laborais e não laborais e frequentemente a evolução clínica os dá maiores indícios a respeito.

Do ponto de vista da legislação previdenciária, havendo relação com o trabalho, a doença é considerada ocupacional, mesmo que haja fatores concomitantes não relacionados à atividade laboral.

c) Comportamentos e hábitos relevantes — hábitos que possam causar ou agravar sintomas do sistema músculo-esquelético devem ser objeto de investigação: uso excessivo de computador em casa, lavagem manual de grande quantidade de roupas, ato de passar grande quantidade de roupas, limpeza manual de vidros e azulejos, ato de tricotar, carregamento de sacolas cheias, polimento manual de carro, o ato de dirigir, etc.

Essas atividades acima citadas geralmente agravam o quadro de LER/DORT, mas dificilmente podem ser consideradas causas determinantes dos sintomas do sistema músculo-esquelético, tais como se apresentam nas LER/ODRT, uma vez que são atividades com características de flexibilidade de ritmo e tempos. Além do mais, não se tem conhecimento de nenhum estudo que indique tarefas domésticas como causas de quadros do sistema músculo-esquelético semelhantes aos quadros das LER/DORT; em contraposição, há vários que demonstram associação entre fatores laborais de diversas categorias profissionais e a ocorrência de LER/DORT.

As tarefas domésticas não devem ser confundidas com atividades profissionais de limpeza, faxina ou cozinha industrial. Estas últimas são consideradas de risco para a ocorrência de LER/DORT.

d) antecedentes pessoais — história de traumas, fraturas e outros quadros mórbidos que possam ter desencadeado e/ou agravado processos de dor crônica, entrando como fator de confusão, devem ser investigados.

e) Antecedentes familiares — existência de familiares co-sanguíneo com história de diabetes e outros distúrbios hormonais, "reumatismos, deve merecer especial atenção.

f) História ocupacional — Tão fundamental quanto elaborar uma boa história clínica é perguntar detalhadamente como e onde o paciente trabalha, tentando ter um retrato dinâmico de sua rotina laboral: duração de jornada de trabalho, existência de tempo de pausas, forças exercidas, execução e frequência de movimentos repetitivos, identificação de musculatura e segmentos do corpo mais utilizados, existência de sobrecarga estática, formas de pressão de chefias, exigência de produtividade, existência de prêmio por produção, falta de flexibilidade de tempo, mudanças no ritmo de trabalho ou na organização do trabalho, existência de ambiente estressante, relações com chefes e colegas, insatisfações, falta de reconhecimento profissional, sensação de perda de qualificação profissional.

Fatores como ruído excessivo, desconforto térmico, iluminação inadequada e móveis desconfortáveis contribuem para a ocorrência de LER/DORT.

Deve-se observar, também, empregos anteriores e suas características, independente do tipo de vínculo empregatício.

Cabe ao médico atentar para os seguintes questionamentos:

- houve tempo suficiente de exposição aos fatores de risco?
- houve intensidade suficiente de exposição aos fatores de risco?
- os fatores existentes no trabalho são importantes para, entre outros, produzir ou agravar o quadro clínico?

As perguntas acima não podem ser compreendidas matematicamente. Estudos conclusivos, por exemplo, de tempo de exposição a fatores predisponentes necessário e sufuciente para o desencadeamento de LER/DORT não nos parecem ser de fácil execução, uma vez que mesmo atividades semelhantes nunca são executadas de forma igual, mesmo que aparentemente o sejam.

Em condições ideais, a avaliação médica deve contar com uma análise ergonômica, abrangendo o posto de trabalho e a organização do trabalho."

g) Exame físico

h) Exames complementares — exames complementares devem ser solicitados à luz de hipóteses diagnósticas e não de forma indiscriminada. Seus resultados devem sempre levar em conta o quadro clínico e a evolução, que são soberanos na análise e conclusão diagnóstica.

Conclusão diagnóstica: a conclusão diagnóstica deve considerar o quadro clínico, sua evolução, fatores etiológicos possíveis, com destaque para a anamnese e fatores ocupacionais. É importante lembrar sempre que os exames complementares devem ser interpretados à luz do raciocínio clínico. Um diagnóstico não ocupacional não descarta LER/DORT.

QUADRO I

RELAÇÃO EXEMPLIFICATIVA ENTRE O TRABALHO E ALGUMAS ENTIDADES NOSOLÓGICAS

LESÕES	CAUSAS OCUPACIONAIS	EXEMPLOS	ALGUNS DIAGNÓSTICOS DIFERENCIAIS
Bursite do cotovelo (olecraniana)	Compressão do cotovelo contra superfícies duras	Apoiar o cotovelo em mesas	Gota, contusão e artrite reumatóide

LESÕES	CAUSAS OCUPACIONAIS	EXEMPLOS	ALGUNS DIAGNÓSTICOS DIFERENCIAIS
Contratura de fáscia palmar	Compressão palmar associada à vibração	Operar compressores pneumáticos	Heredo – familiar (Contratura de Dupuytren)
Dedo em Gatilho	Compressão palmar associada à realização de força	Apertar alicates e tesouras	Diabetes, artrite reumatóide, mixedema, amiloidose.
Epicondilites do Cotovelo	Movimentos com esforços estáticos e preensão prolongada de objetos, principalmente com o punho estabilizado em flexão dorsal e nas prono-supinações com utilização de força.	Apertar parafusos, desencapar fios, tricotar, operar motosserra	Doenças reumáticas e metabólicas, hanseníase, neuropatias periféricas, contusão traumas.
Síndrome do Canal Cubital	Flexão extrema do cotovelo com ombro abduzido. Vibrações.	Apoiar cotovelo ou antebraço em mesa	Epicondilite medial, sequela de fratura, bursite olecraniana forma T de Hanseníase
Síndrome do Canal de Guyon	Compressão da borda ulnar do punho.	Carimbar	Cistos sinoviais, tumores do nervo ulnar, tromboses da artéria ulnar, trauma , artrite reumatóide e etc
Síndrome do Desfiladeiro Torácico	Compressão sobre o ombro, flexão lateral do pescoço, elevação do braço.	Fazer trabalho manual sobre veículos, trocar lâmpadas, pintar paredes, lavar vidraças, apoiar telefones entre o ombro e a cabeça	Cervicobraquialgia, síndrome da costela cervical, síndrome da primeira costela, metabólicas, Artrite Reumatóide e Rotura do Supra-espinhoso
Síndrome do Interósseo Anterior	Compressão da metade distal do antebraço.	Carregar objetos pesados apoiados no antebraço	
Síndrome do Pronador Redondo	Esforço manual do antebraço em pronação.	Carregar pesos, praticar musculação, apertar parafusos.	Síndrome do túnel do carpo
Síndrome do Túnel do Carpo	Movimentos repetitivos de flexão, mas também extensão com o punho, principalmente se acompanhados por realização de força.	Digitar, fazer montagens industriais, empacotar	Menopausa, trauma, tendinite da gravidez (particularmente se bilateral), lipomas, artrite reumatóide, diabetes, amiloidose, obesidade neurofibromas, insuficiência renal, lupus eritematoso, condrocalcinose do punho

LESÕES	CAUSAS OCUPACIONAIS	EXEMPLOS	ALGUNS DIAGNÓSTICOS DIFERENCIAIS
Tendinite da Porção Longa do Biceps	Manutenção do antebraço supinado e fletido sobre o braço ou do membro superior em abdução.	Carregar pesos	Artropatia metabólica e endócrina, artrites, osteofitose da goteira bicipital, artrose acromioclavicular e radiculopatias C5-C6
Tendinite do Supra – Espinhoso	Elevação com abdução dos ombros associada a elevação de força.	Carregar pesos sobre o ombro	Bursite, traumatismo, artropatias diversas, doenças metabólicas
Tenossinovite de De Quervain	Estabilização do polegar em pinça seguida de rotação ou desvio ulnar do carpo, principalmente se acompanhado de força.	Apertar botão com o polegar	Doenças reumáticas, tendinite da gravidez (particularmente bilateral), estiloidite do rádio
Tenossinovite dos extensores dos dedos	Fixação antigravitacional do punho. Movimentos repetitivos de flexão e extensão dos dedos. Movimentos repetitivos de flexão e extensão dos dedos.	Digitar, operar mouse	Artrite Reumatóide, Gonocócica, Osteoartrose e Distrofia Simpático–Reflexa (síndrome Ombro – Mão)
Obs.1 : considerar a relevância quantitativa das causas na avaliação de cada caso. A presença de um ou mais dos fatores listados na coluna "Outras Causas e Diagnóstico Diferencial" não impede, a priori, o estabelecimento do nexo.			
Obs. 2 : vide Decreto n. 3048/99, Anexo II, Grupo XIII da CID –10 – " Doenças do Sistema Osteomuscular e do Tecido Conjuntivo, Relacionadas com o Trabalho"			

6. TRATAMENTO

Nas LER/DORT, em geral, como em qualquer outro caso, quanto mais precoce o diagnóstico e o início do tratamento adequado, maiores as possibilidades de êxito. Isto depende de vários fatores, dentre eles, do grau de informação do paciente, da efetividade do programa de prevenção de controle médico da empresa, da possibilidade de o paciente manifestar-se em relação às queixas de saúde sem "sofrer represálias", explícitas ou implícitas, e da direção da empresa, que pode facilitar ou não o diagnóstico precoce.

A gravidade do problema está intimamente relacionada ao tempo de evolução do quadro clínico. No entanto, às vezes encontramos casos de início relativamente recente que evoluem rapidamente para quadros graves, como distrofia simpático reflexa ou síndrome complexa de dor regional, de difícil controle. O papel do médico da empresa é fundamental no diagnóstico precoce, no controle dos fatores de risco e na realocação do trabalhador dentro de um programa de promoção da saúde, prevenção de agravos ocupacionais, diminuição da possibilidade de agravamento e cronificação dos casos e reabilitação.

O controle da dor crônica músculo-esquelética exige o emprego de abordagem interdisciplinar, que tente focalizar as raízes do problema. Os tratamentos costumam ser longos e envolvem questões sociais, empregatícias, trabalhistas e previdenciárias, além das clínicas. Se todos estes aspectos não forem abordados adequadamente, dificilmente obtém-se sucesso no tratamento.

A equipe multiprofissional, composta por médicos, enfermeiros, terapeutas corporais, profissionais de terapias complementares, fisioterapeutas, terapeutas ocupacionais, psicólogos e assistentes sociais, deve estabelecer um programa com objetivos gerais e específicos do tratamento e da reabilitação para cada caso, e cada meta devem ser conhecida pelos pacientes, pois do contrário as pequenas conquistas não serão valorizadas, esperando-se curas radicais e imediatas.

Alguns dos recursos terapêuticos que podem ser utilizados em um programa de tratamento e reabilitação encontram-se abaixo citados:

• medicamentos, que devem ser prescritos de maneira cautelosa. Os pacientes precisam ser bem orientados quanto à forma correta de utilização e o que esperar deles. Além disso, é importante considerar o tempo de tratamento, que pode ser um fator importante a considerar nos casos de medicamentos de alto custo. Os medicamentos analgésicos e antiinflamatórios são úteis no combate à dor aguda e inflamação, mas, se usados isoladamente, não são efetivos para o combate da dor crônica. Nesse caso, é necessário, a associação dos psicotrópicos (antidepressivos tricíclicos e fenotiazínicos), que proporcionam efeito analgésico e ansiolítico, estabilizam o humor e promovem alterações na simbologia da dor;

• em alguns casos de dor crônica refratária a técnicas menos invasivas, o bloqueio da cadeia simpática com anestésicos locais ou outras formulações pode ser utilizado a fim de diminuir o desconforto e propiciar a possibilidade do emprego de medidas fisioterapêuticas como a cinesioterapia, para recuperação do trofismo e da amplitude articular da região afetada pela lesão. O agulhamento seco e a infiltração locais de anestésicos produzem resultados satisfatórios em alguns casos;

• atividades coletivas com os grupos de adoecidos por LER/DORT têm sido realizadas com bons resultados nos serviços públicos de saúde, permitindo a socialização da vivência do adoecimento e da incapacidade, a discussão e reflexão sobre os temores e dúvidas dos pacientes em relação ao adoecimento e às dificuldades encontradas no estabelecimento do diagnóstico, tratamento e reabilitação;

• a fisioterapia utiliza recursos de eletrotermofototerapia, massoterapia e cinesioterapia, sendo que a combinação de técnicas adequadas deve ser definida para cada caso. Não é possível padronizar o tipo nem a duração do tratamento. Seus objetivos principais são: alívio da dor, relaxamento muscular e prevenção de deformidades, proporcionando uma melhora da capacidade funcional dos pacientes portadores de LER/DORT. A presença ativa do fisioterapeuta é fundamental para uma avaliação contínua da evolução do caso e para mudanças de técnicas ao longo do tratamento. Alguns recursos como alongamentos, automassagem, e relaxamentos podem ser realizados em abordagens grupais; as técnicas específicas para cada caso são aplicadas em sessões individuais;

• apoio psicológico é essencial aos pacientes portadores de LER/DORT, para que se sintam amparados em sua insegurança e temor no que se refere às atividades prévias no trabalho, às consequências do adoecimento, às perspectivas no emprego. A abordagem dos aspectos psicossociais das LER/DORT e do sofrimento mental que cada paciente apresenta são muito úteis no processo de recuperação e reabilitação;

• os grupos informativo-psicoterapêutico-pedagógicos, promovidos por profissionais da área de saúde mental, também propiciam a troca de experiências a respeito de toda problemática das LER/DORT, enriquecendo as discussões e os progressos durante o tratamento. Situações de conflitos, de medo, que trazem sofrimento expresso de diferentes maneiras são enfrentadas coletivamente, por meio de técnicas diversificadas;

• a terapia ocupacional tem se mostrado bastante importante na conquista da autonomia dos pacientes adoecidos por LER/DORT. Nas atividades em grupo são discutidos temas referentes às atividades da vida cotidiana, para que esses trabalhadores possam se apropriar novamente das suas capacidades e re-significar o seu "fazer", levando em conta as mudanças decorrentes do adoecimento. Individualmente, a terapia ocupacional também pode atuar na indicação e confecção de órteses de posicionamento adequadas para cada caso visando a prevenção de deformidades;as terapias complementares, como a acupuntura, do-in, shiatsu, entre outras, também têm se mostrado bastante eficazes no tratamento da LER/DORT;

• terapias corporais de relaxamento, alongamento e reeducação postural têm sido de extrema importância, assim como a hidroterapia.

Nos casos em que houver quadro de compressão nervosa periférica, também o tratamento clínico deve ser instituído de forma integral e inter-disciplinar. Os procedimentos cirúrgicos não têm se mostrado úteis, mesmo nos casos em que a indicação cirúrgica parece adequada. Frequentemente ocorre evolução para dor crônica de difícil controle.

7. PREVENÇÃO

A prevenção das LER/DORT não depende de medidas isoladas, de correções de mobiliários e equipamentos.

Um programa de prevenção das LER/DORT em uma empresa inicia-se pela criteriosa identificação dos fatores de risco presentes na situação de trabalho. Deve ser analisado o modo como as tarefas são realizadas, especialmente as que envolvem movimentos repetitivos, movimentos bruscos, uso de força, posições forçadas e por tempo prolongado. Aspectos organizacionais do trabalho e psicossociais devem ser especialmente focalizado.

A identificação de aspectos que propiciam a ocorrência de LER/DORT e as estratégias de defesa, individuais e coletivas, dos trabalhadores, deve ser fruto de análise integrada entre a equipe técnica e os trabalhadores, considerando-se o saber de ambos os lados. Análises unilaterais geralmente não costumam retratar a realidade das condições de risco e podem levar a conclusões equivocadas e a consequentes encaminhamentos não efetivos.

A Norma Regulamentadora (NR-17) estabelece alguns parâmetros que podem auxiliar a adaptação das condições de trabalho às características psicofisiológicas dos trabalhadores, de modo a proporcionar conforto, segurança e desempenho eficiente.

Embora não seja específica para a prevenção de LER/DORT, trata da organização do trabalho nos aspectos das normas de produção, modo operatório, exigência de tempo, determinação do conteúdo de tempo, ritmo de trabalho e conteúdo das tarefas.

No item 17.6.3. da NR-17, para as atividades que exijam sobrecarga muscular estática ou dinâmica do pescoço, ombros, dorso e membros superiores e inferiores, e a partir da análise ergonômica do trabalho, estabelece inclusão de pausas para descanso. Para as atividades de processamento de dados, estabelece número máximo de toques reais por hora trabalhada, o limite máximo de cinco horas por jornada para o efetivo trabalho de entrada de dados, pausas de dez minutos para cada cinquenta minutos trabalhados e retorno gradativo à exigência de produção em relação ao número de toques nos casos de afastamento do trabalho por quinze dias ou mais.

Embora normas técnicas ajudem a estabelecer alguns parâmetros, o resultado de um programa de prevenção de agravos decorrentes do trabalho em uma empresa, depende da participação e compromisso dos atores envolvidos, em especial a direção da empresa, passando pelos diversos níveis hierárquicos, incluindo trabalhadores e seus sindicatos, supervisores, cipeiros, profissionais da saúde e de serviço de segurança do trabalho, gerentes e cargos de chefia.

8. DA NOTIFICAÇÃO

A notificação tem por objetivo o registro e a vigilância dos casos das LER/DORT, garantindo ao segurado os direitos previstos na legislação acidentária

Havendo suspeita de diagnóstico de LER/DORT, deve ser emitida a Comunicação de Acidente do Trabalho — CAT. A CAT deve ser emitida mesmo nos casos em que não acarrete incapacidade laborativa para fins de registro e não necessariamente para o afastamento do trabalho. Segundo o artigo 336 do Decreto n. 3.048/99, "para fins estatísticos e epidemiológicos, a empresa deverá comunicar o acidente de que tratam os arts. 19, 20, 21 e 23 da Lei n. 8.213, de 1991". Dentre esses acidentes, se encontram incluídas as doenças do trabalho nas quais se enquadram as LER/DORT.

Do art. 336 do Decreto n. 3.048/99, destacam-se os seguintes parágrafos:

"§ 1º Da comunicação a que se refere este artigo receberão cópia fiel o acidentado ou seus dependentes, bem como o sindicato a que corresponda a sua categoria.

§ 2º Na falta do cumprimento do disposto no *caput*, caberá ao setor de benefícios do Instituto Nacional do Seguro Social comunicar a ocorrência ao setor de fiscalização, para a aplicação e cobrança da multa devida.

§ 3º Na falta de comunicação por parte da empresa, podem formalizá-la o próprio acidentado, seus dependentes, a entidade sindical competente, o médico que o assistiu ou qualquer autoridade pública, não prevalecendo nesses casos o prazo previsto neste artigo."

SEÇÃO II

NORMA TÉCNICA DE AVALIAÇÃO DA INCAPACIDADE LABORATIVA

Procedimentos Administrativos e Periciais em LER/DORT

I. INTRODUÇÃO

1. Emissão da Comunicação de Acidente do Trabalho — CAT

Todos os casos com suspeita diagnóstica de LER/DORT devem ser objeto de emissão de CAT pelo empregador, com o devido preenchimento do Atestado Médico da CAT ou relatório médico equivalente pelo médico do trabalho da empresa, médico assistente (Serviço de Saúde Público ou Privado) ou médico responsável pelo Programa de Controle Médico de Saúde Ocupacional — PCMSO, com descrição da atividade e posto de trabalho para fundamentar o nexo causal.

Na falta de Comunicação por parte do empregador, pode formalizá-la o próprio acidentado, seus dependentes, a entidade sindical competente, o médico assistente ou qualquer autoridade pública, não prevalecendo, nestes casos, os prazos legais.

Os casos de agravamento ou recidiva de sintomatologias incapacitantes deverão ser objeto de emissão de nova CAT em reabertura.

2. O encaminhamento da CAT pela empresa, ao INSS, deverá ser feito

a) até o 1º dia útil após a data do início da incapacidade;

Nos casos em que a Comunicação não for feita pela empresa, não prevalecerão esses prazos legais.

3. Recebendo a CAT, o Setor de Benefícios do INSS fará o seu registro com verificação do preenchimento de seus campos. Caso o preenchimento esteja incompleto, deverá ser encaminhado procedimento para completá-lo, sem prejuízo da conclusão posterior da Perícia Médica.

O acidente será caracterizado tecnicamente pela Perícia Médica do INSS (art. 337 do Decreto n. 3.048/99), que fará o reconhecimento técnico do nexo causal entre:

I – o acidente e a lesão;

II – a doença e o trabalho;

III – a *causa mortis* e o acidente.

Nenhuma CAT poderá ser recusada, devendo ser registrada independentemente da existência de incapacidade para o trabalho, para fins estatísticos e epidemiológicos. Caso haja recomendação de afastamento do trabalho por um período superior a quinze dias, a área de Benefícios do INSS encaminhará o segurado à Perícia Médica, para realização de exame pericial, a partir do 16º dia de afastamento.

4. Os trabalhadores avulsos e segurados especiais deverão ser encaminhados para realização de exame médico pericial a partir do primeiro dia útil do afastamento do trabalho.

5. Conduta Médico Pericial

O Médico Perito deve desempenhar suas atividades com ética, competência, boa técnica e respeito aos dispositivos legais e administrativos.Deve levar em conta os relatórios médicos portados pelo segurado. Se necessário, para o estabelecimento do quadro clínico e do nexo causal com o trabalho, deve seguir os procedimentos dos itens 5 e 6 da Seção I desta Instrução Normativa. Caso o Médico Perito identifique a necessidade de algum exame complementar, deve solicitá-lo, utilizando os serviços públicos ou credenciados pela Instituição ou de escolha do segurado. Poderá também, solicitar colaboração ao colega que assiste o segurado. Não poderá, em hipótese alguma, delegar ao segurado verbalmente, a responsabilidade de realização de qualquer exame ou avaliação especializada.

6. Conclusão Médico Pericial

Situações Possíveis:

I – não se constatou incapacidade laborativa em nenhum momento, portanto configura-se caso de indeferimento do auxílio-doença acidentário requerido, independentemente do nexo causal;

II – existe incapacidade laborativa, porém o nexo causal não foi caracterizado, logo concede-se o auxílio-doença previdenciário (E-31);

III – existe incapacidade laborativa com nexo causal caracterizado, tratando-se de caso de deferimento do auxílio doença acidentário como requerido (E-91);

IV – vale ressaltar que com alguma frequência é dado ao Perito avaliar segurado desempregado e, neste caso, é necessário considerar que podem ocorrer as seguintes situações:

• O segurado pode ter tido início do quadro antes da demissão, tendo ocultado sua situação, por medo de discriminação e demissão;

• o segurado pode ter agravamento dos sintomas, independentemente de estar submetido aos fatores de risco para a ocorrência de LER/DORT, pois pode ter dor crônica.

Assim, o fato de o segurado se encontrar desempregado não descarta em hipótese alguma que apresente incapacidade para o trabalho por existência de LER/DORT.

7. Constatada a remissão dos sinais e sintomas clínicos que fundamentaram a existência da incapacidade laborativa, a conclusão pericial será pela cessação do auxílio-doença, o que poderá ocorrer já no exame inicial, sem ou com sequelas permanentes que impliquem redução da capacidade para o trabalho que habitualmente exercia.

O retorno ao trabalho, com quadro estabilizado, deverá dar-se em ambiente e atividade/função adequados, sem risco de exposição, uma vez que a remissão dos sintomas não garante que o trabalhador esteja livre das complicações tardias que poderão advir, se voltar às mesmas condições de trabalho que geraram a incapacidade laborativa.

Em todos os casos de cessação do auxílio-doença acidentário, será necessária a emissão da Comunicação do Resultado de Exame Médico (CREM) ou da Comunicação de Resultado de Requerimento (CRER), que deverá ser entregue ao segurado pelo Médico Perito. Como preceito da ética médica, deve prestar informações ao segurado, especialmente quando solicitado.

8. Auxílio-acidente

O auxílio-acidente será concedido, como indenização, ao segurado empregado, exceto o doméstico, ao trabalhador avulso e ao segurado especial quando, após a consolidação das lesões decorrentes de acidente de qualquer natureza, resultar sequela definitiva, conforme as situações discriminadas no anexo III, que implique em redução da capacidade para o trabalho que habitualmente exerciam (artigo regulamentado pelo Decreto n. 4.729, de 9 de junho de 2003)

9. Aposentadoria acidentária

Será concedida somente para os casos irrecuperáveis e com incapacidade total e permanente para todas as profissões (omniprofissional) e insuscetível de reabilitação profissional, geralmente representados por casos gravíssimos e irreversíveis, com repercussão anatômica e funcional importante que se apresenta com atrofias musculares ou neuropatia periférica e com importante diminuição da força muscular ou perda do controle de movimentos no segmento afetado, o que caracteriza, sem dúvida, impotência funcional severa.

10. Programa de Reabilitação Profissional

Os segurados que apresentem quadro clínico estabilizado e necessitem de mudança de atividade ou função serão encaminhados ao Programa de Reabilitação Profissional.

As Unidades Técnicas de Reabilitação Profissional deverão abordar cada caso, analisando cuidadosamente os aspectos físicos e psicossociais do reabilitando, e as condições reais apresentadas pela empresa, para receber de volta o seu funcionário e efetivamente contribuir para a sua reabilitação profissional, sem discriminação.

Resolução CFM n. 2.183, de 21.6.2018.

Publicado no DOU em 21 de setembro de 2018.

Dispõe de normas específicas para médicos que atendem o trabalhador.

O Conselho Federal de Medicina, no uso das atribuições conferidas pela Lei n. 3.268, de 30 de setembro de 1957, regulamentada pelo Decreto n. 44.045, de 19 de julho de 1958 e,

Considerando o estabelecido no art. 1º, inciso IV, art. 6º e art. 7º, inciso XXII da Constituição Federal; capítulo V – Da Segurança e da Medicina do Trabalho – da Consolidação das Leis do Trabalho, bem como as normas do Código de Ética Médica (Resolução CFM n. 1.931/2009);

Considerando o disposto nas Convenções ns. 155 e 161 da Organização Internacional do Trabalho (OIT);

Considerando as deliberações da Organização Mundial de Saúde (OMS) que versam sobre segurança e saúde dos trabalhadores;

Considerando a Lei n. 11.430/2006 e o Decreto n. 6.042/2007;

Considerando que o trabalho é um meio de prover a subsistência e a dignidade humana, não devendo gerar mal-estar, doenças e mortes;

Considerando que promoção, prevenção, recuperação da saúde e preservação da capacidade de trabalho são direitos garantidos pela Constituição Federal;

Considerando que as condições de vida e trabalho são determinantes sociais de saúde;

Considerando o trabalho como fator adjuvante no tratamento de determinadas doenças, e que o médico do trabalho é o especialista que detém o conhecimento técnico e científico para promover os ajustes no contexto do trabalho;

Considerando que o médico do trabalho é um dos principais responsáveis pela promoção, prevenção e recuperação da saúde integral dos trabalhadores, seja no setor público ou privado;

Considerando os diversos campos de atuação do médico do trabalho, seja na saúde do trabalhador em empresas ou no Sistema Único de Saúde (SUS), nas perícias judiciais ou previdenciárias;

Considerando a necessidade de normatizar a atividade dos médicos do trabalho e dos demais médicos que atendam o trabalhador;

Considerando a necessidade de normatizar os critérios para estabelecer o nexo causal entre o exercício da atividade laboral e os agravos à saúde;

Considerando que todo médico, ao atender seu paciente, deve avaliar a possibilidade de que a causa de determinada doença, alteração clínica ou laboratorial possa estar relacionada ao trabalho;

Considerando a constante necessidade de avaliar os impactos das mudanças tecnológicas, da organização do trabalho e da legislação;

Considerando que médico perito é aquele designado pela autoridade competente, assistindo-a no que a lei determina;

Considerando que assistente técnico é o médico que assiste a uma das partes em litígio no processo judicial; e

Considerando, finalmente, o decidido na Sessão Plenária realizada em 21 de junho de 2018,

Resolve:

Art. 1º Aos médicos do trabalho e demais médicos que atendem o trabalhador, independentemente do local em que atuem, cabe:

I – assistir ao trabalhador, elaborar seu prontuário médico e fazer todos os encaminhamentos devidos;

II – fornecer atestados e pareceres para o trabalhador sempre que necessário, considerando que o repouso, o acesso a terapias ou o afastamento da exposição nociva faz parte do tratamento;

III – fornecer laudos, pareceres e relatórios de exame médico e dar encaminhamento, sempre que necessário, dentro dos preceitos éticos;

IV – promover, com a ciência do trabalhador, a discussão clínica com o especialista assistente do trabalhador sempre que julgar necessário e propor mudanças no contexto do trabalho, quando indicadas, com vistas ao melhor resultado do tratamento.

§ 1º Quando requerido pelo paciente, deve o médico pôr à sua disposição ou à de seu representante legal tudo o que se refira ao seu atendimento, em especial cópia dos exames e do prontuário médico.

§ 2º Na elaboração do atestado médico, deve o médico assistente observar o contido na Resolução CFM nº 1.658/2002, alterada pela Resolução CFM n. 1.851/2008.

§ 3º O médico do trabalho pode discordar dos termos de atestado médico emitido por outro médico, desde que justifique a discordância, após o devido exame clínico do trabalhador, assumindo a responsabilidade pelas consequências do seu ato.

§ 4º O médico do trabalho, ao ser solicitado pelo médico assistente do trabalhador, deverá produzir relatório com descrição dos riscos ocupacionais e da organização do trabalho e entregá-lo ao trabalhador ou ao seu responsável legal, em envelope lacrado endereçado ao médico solicitante, de forma confidencial.

§ 5º O médico assistente ou especialista, ao ser solicitado pelo médico do trabalho, deverá produzir relatório ou parecer com descrição dos achados clínicos, prognóstico, tratamento e exames complementares realizados que possam estar relacionados às queixas do trabalhador e entregar a ele ou ao seu responsável legal, em envelope lacrado endereçado ao médico solicitante, de forma confidencial.

Art. 2º Para o estabelecimento do nexo causal entre os transtornos de saúde e as atividades do trabalhador, além da anamnese, do exame clínico (físico e mental), de relatórios e dos exames complementares, é dever do médico considerar:

I – a história clínica e ocupacional atual e pregressa, decisiva em qualquer diagnóstico e/ou investigação de nexo causal;

II – o estudo do local de trabalho;

III – o estudo da organização do trabalho;

IV – os dados epidemiológicos;

V – a literatura científica;

VI – a ocorrência de quadro clínico ou subclínico em trabalhadores expostos a riscos semelhantes;

VII – a identificação de riscos físicos, químicos, biológicos, mecânicos, estressantes e outros;

VIII – o depoimento e a experiência dos trabalhadores;

IX – os conhecimentos e as práticas de outras disciplinas e de seus profissionais, sejam ou não da área da saúde.

Parágrafo único. Ao médico assistente é vedado determinar nexo causal entre doença e trabalho sem observar o contido neste artigo e seus incisos.

Art. 3º Os médicos do trabalho e os demais médicos que atendem os trabalhadores de empresas e instituições, que admitem trabalhadores independentemente de sua especialidade, devem:

I – atuar visando essencialmente a promoção da saúde e a prevenção da doença, conhecendo, para tanto, os processos produtivos e o ambiente de trabalho da empresa.

II – promover o esclarecimento e prestar as orientações necessárias sobre a condição dos trabalhadores com deficiência, idosos e/ou com doenças crônico-degenerativas e gestantes;

a inclusão desses no trabalho, participando do processo de adaptação do trabalho ao trabalhador, quando necessário.

III – dar conhecimento formalmente aos empregadores, aos trabalhadores e às comissões internas de prevenção de acidentes sobre os riscos existentes no ambiente de trabalho, informações da vigilância epidemiológica e outros informes técnicos, desde que resguardado o sigilo profissional.

IV – Notificar, formalmente, o empregador quando da ocorrência ou de sua suspeita de acidente ou doença do trabalho para que a empresa proceda a emissão de Comunicação de Acidente do Trabalho, devendo deixar registrado no prontuário do trabalhador.

V – Notificar formalmente os agravos de notificação compulsória ao órgão competente do Ministério da Saúde quando suspeitar ou comprovar a existência de agravos relacionados ao trabalho, bem como notificar formalmente ao empregador a adoção dos procedimentos cabíveis, independentemente da necessidade de afastar o empregado do trabalho, devendo registrar tudo em prontuário.

Art. 4º Compete ao médico do trabalho avaliar as condições de saúde do trabalhador para determinadas funções e/ou ambientes, propondo sua alocação para trabalhos compatíveis com seu atual estado de saúde, orientando-o e, ao empregador ou chefia imediata, se necessário, em relação ao processo de adaptação do trabalho.

Art. 5º Os médicos do trabalho, como tais reconhecidos por lei, especialmente investido na função de Coordenador do Programa de Controle Médico de Saúde Ocupacional (PCMSO), estará obrigado a fazer-se presente, com a regularidade que for necessária, nas empresas e em suas filiais para coordenar o referido programa, estando devidamente inscrito nos conselhos regionais de medicina dos estados em que estiver atuando.

§ 1º Os médicos que executam os exames ocupacionais devem observar o contido nos programas instituídos para proteção integral à saúde do trabalhador, devendo ter conhecimento sobre as condições e riscos do trabalho.

§ 2º Ao médico do trabalho da empresa contratante é facultado exigir exames específicos da atividade a ser realizada pelo trabalhador por exposição a risco não contemplado no PCMSO de origem.

Art. 6º É vedado ao médico que presta assistência ao trabalhador:

I – Assinar Atestado de Saúde Ocupacional (ASO) em branco.

II – Emitir ASO sem que tenha realizado o exame médico do trabalhador.

III – Emitir ASO sem que esteja familiarizado com os princípios da patologia ocupacional e suas causas, bem como com o ambiente, as condições de trabalho e os riscos a que está ou será exposto cada trabalhador.

IV – Deixar de registrar no prontuário médico do trabalhador todas as informações referentes aos atos médicos praticados.

V – Informar resultados dos exames no ASO.

Art. 7º Conforme as Resoluções do CFM n. 2.007/2013 e n. 2.147/2016, o ambulatório de assistência à saúde do trabalhador deverá ter médico do trabalho com Registro de Qualificação da Especialidade (RQE) como diretor técnico responsável pelo estabelecimento de saúde perante os conselhos regionais de medicina, autoridades sanitárias, ministério público, judiciário e demais autoridades.

Art. 8º Os atestados, relatórios e demais documentos apresentados emitidos por médicos e odontólogos, regularmente inscritos nos seus respectivos conselhos, podem ser considerados pelo médico do trabalho, perito ou junta médica para subsidiar a decisão sobre capacidade laborativa, sendo indispensável proceder a avaliação clínica.

Art. 9º Na contestação de nexo estabelecido pela perícia médica previdenciária, se o médico do trabalho detém elementos de convicção de que não há relação entre o trabalho e o diagnóstico da doença, deverá fazê-lo com critérios técnicos e científicos.

§ 1º Em sua peça de contestação de nexo ao perito médico da Previdência, o médico do trabalho poderá enviar documentação probatória demonstrando que os agravos não possuem nexo com o trabalho exercido pelo trabalhador, tais como:

I – Programa de Prevenção de Riscos Ambientais — PPRA;

II – Programa de Controle Médico de Saúde Ocupacional — PCMSO;

III – Perfil Profissiográfico Previdenciário — PPP;

IV – Comunicação de Acidente de Trabalho — CAT

IV – Laudo Técnico de Condições Ambientais de Trabalho — LTCAT;

V – Programa de Gerenciamento de Riscos — PGR;

VI – Programa de Condições e Meio Ambiente de Trabalho na Indústria da Construção — PCMAT;

VII – análise ergonômica do posto de trabalho, ficha de produtos químicos e outros documentos relacionados às condições de trabalho e pertinentes à contestação poderão ser utilizados, quando necessários; e

VIII – relatórios e documentos médico-ocupacionais, inclusive dados do prontuário que poderá ser usado nos casos em que a contestação depender daquelas informações e enviá-las em caráter confidencial ao perito previdenciário.

§ 2º A hierarquização de informações para que, no caso de contestação de nexo de causa realizado pelo médico que atende trabalhadores, seja priorizado o uso de informações não confidenciais, que comprovem as medidas de proteção e promoção à saúde dos trabalhadores.

§ 3º Por ocasião do encaminhamento do trabalhador à perícia previdenciária inicial, deve o médico do trabalho entregar relatório médico ao trabalhador com a descrição das condições em que se deu o acidente ou agravo.

Art. 10. Em ações judiciais, a cópia do prontuário médico, de exames complementares ou outros documentos poderão ser liberados por autorização do paciente ou dever legal.

Art. 11. O médico de empresa, o médico responsável por qualquer programa de controle de saúde ocupacional de empresa e o médico participante do Serviço Especializado em Engenharia de Segurança e Medicina do Trabalho podem atuar como assistente técnico nos casos envolvendo a empresa contratante e/ou seus assistidos desde que observem os preceitos éticos.

§ 1º No desempenho dessa função no Tribunal, o médico deverá agir de acordo com sua livre consciência, nos exatos termos dos princípios, direitos e vedações previstas no Código de Ética Médica.

§ 2º Existindo relação médico – paciente, permanecerá a vedação estabelecida no Código de Ética Médica vigente, sem prejuízo do contido no § 1º.

Art. 12. Ao médico do trabalho responsável pelo PCMSO da empresa e ao médico participante do Serviço Especializado em Segurança e Medicina do Trabalho (SESMT) é vedado atuar como peritos judiciais, securitários ou previdenciários nos casos que envolvam a firma contratante e/ou seus assistidos, atuais ou passados.

Art. 13. São atribuições e deveres do médico perito judicial e assistentes técnicos:

I – examinar clinicamente o trabalhador e solicitar os exames complementares, se necessários;

II – o médico perito judicial e assistentes técnicos, ao vistoriarem o local de trabalho, devem fazer-se acompanhar, se possível, pelo próprio trabalhador que está sendo objeto da perícia, para melhor conhecimento do seu ambiente de trabalho e função;

III – estabelecer o nexo causal, considerando o exposto no art. 2º e incisos (redação aprovada pela Resolução CFM n. 1.940/2010) e tal como determina a Lei n. 12.842/2013, ato privativo do médico.

Art. 14. A perícia com fins de determinação de nexo causal, avaliação de capacidade laborativa/aptidão, avaliação de sequela/valoração do dano corporal, requer atestação de saúde, definição do prognóstico referente ao diagnóstico nosológico, o que é, legalmente, ato privativo do médico.

Parágrafo único. É vedado ao médico perito permitir a presença de assistente técnico não médico durante o ato médico pericial.

Art. 15. Em ações judiciais, o médico perito poderá peticionar ao Juízo que oficie o estabelecimento de saúde ou o médico assistente para anexar cópia do prontuário do periciado, em envelope lacrado e em caráter confidencial.

Art. 16. Esta Resolução não se aplica aos médicos peritos previdenciários cuja atuação possui legislação própria, ressalvando-se as questões éticas do exercício profissional.

Art. 17. Revoga-se a Resolução CFM n. 1.488 publicada no Diário Oficial da União em 6 de março de 1998, Seção I, página 150, e as disposições em contrário.

Art. 18. Esta Resolução entrará em vigor na data de sua publicação.

CARLOS VITAL TAVARES CORRÊA LIMA

Presidente do Conselho

HENRIQUE BATISTA E SILVA

Secretário-Geral

Alguns julgados

AGRAVO DE INSTRUMENTO – RECURSO DE REVISTA – PROCESSO SOB A ÉGIDE DA LEI N. 13.015/2014 E ANTERIOR À LEI N. 13.467/2017 – 1 – PRELIMINAR DE JULGAMENTO *EXTRA PETITA* – AUSÊNCIA DE PREQUESTIONAMENTO – SÚMULA N. 297/TST – 2- PRELIMINAR DE NULIDADE POR CERCEAMENTO DO DIREITO DE DEFESA – NULIDADE

DE LAUDO ELABORADO POR FISIOTERAPEUTA – NÃO CONFIGURAÇÃO – 3 – DOENÇA OCUPACIONAL – RESPONSABILIDADE CIVIL – NEXO CONCAUSAL – DANOS MORAIS E MATERIAIS – A indenização resultante de acidente do trabalho e/ou doença profissional ou ocupacional supõe a presença de três requisitos: a) ocorrência do fato deflagrador do dano ou do próprio dano, que se constata pelo fato da doença ou do acidente, os quais, por si sós, agridem o patrimônio moral e emocional da pessoa trabalhadora (nesse sentido, o dano moral, em tais casos, verifica-se pela própria circunstância da ocorrência do malefício físico ou psíquico); B) nexo causal ou concausal, que se evidencia pelo fato de o malefício ter ocorrido em face das condições laborativas; C) culpa empresarial, excetuadas as hipóteses de responsabilidade objetiva. Embora não se possa presumir a culpa em diversos casos de dano moral — em que a culpa tem de ser provada pelo autor da ação —, tratando-se de doença ocupacional, profissional ou de acidente do trabalho, essa culpa é presumida, em virtude de o empregador ter o controle e a direção sobre a estrutura, a dinâmica, a gestão e a operação do estabelecimento em que ocorreu o malefício. Registre-se que tanto a higidez física como a mental, inclusive emocional, do ser humano são bens fundamentais de sua vida, privada e pública, de sua intimidade, de sua autoestima e afirmação social e, nesta medida, também de sua honra. São bens, portanto, inquestionavelmente tutelados, regra geral, pela Constituição (art. 5º, V e X). Assim, agredidos em face de circunstâncias laborativas, passam a merecer tutela ainda mais forte e específica da Constituição da República, que se agrega à genérica anterior (art. 7º, XXVIII, CF/88). Frise-se que é do empregador, evidentemente, a responsabilidade pelas indenizações por dano moral, material ou estético decorrentes de lesões vinculadas à infortunística do trabalho, sem prejuízo do pagamento pelo INSS do seguro social, sem prejuízo do pagamento pelo INSS do seguro social. Na hipótese, o Tribunal Regional consignou que o trabalho exercido, apesar de não ser fator único, atuou como concausa para o agravamento das patologias das quais o Autor é portador no ombro direito e na coluna lombar, pois a atividade laboral demandava movimentação do ombro, com angulação entre 45° e 85°, e associada a movimentos repetitivos e esforço de acordo com o tipo da chapa/peça, bem como flexão de tronco anterior, com movimentação repetitiva, associada a esforço leve ou moderado. Consta, ainda, a incapacidade parcial e definitiva em 20%. Saliente-se que o fato de o Reclamante poder vir a exercer outra atividade compatível com a sua depreciaçao nao lhe retira o direito de ser ressarcido pela diminuição da sua força de trabalho – Principal meio de afirmação e manutenção da vida digna do ser humano, o que evidencia o seu interesse de agir. O Tribunal Regional assentou que a culpa emergiu da conduta negligente da Reclamada em relação ao dever de cuidado à saúde, higiene, segurança e integridade física do trabalhador (arts. 6º e 7º, XXII, da CF, 186 do CCB/02), deveres anexos ao contrato de trabalho, pois não comprovou que zelou pelas normas de ergonomia e segurança do trabalho nem que orientou o modo de execução dos trabalhos. Ademais, as eventuais medidas adotadas pela empregadora, gestora do meio ambiente de trabalho, foram claramente insuficientes para evitar o surgimento/agravamento das patologias. Assente-se, ainda, que o Tribunal Regional não analisou a alegado fato da vítima, tampouco foi instado a fazê-lo por meio dos competentes embargos declaratórios, razão pela qual a matéria carece do devido prequestionamento. Incidência do óbice da Súmula n. 297/TST. Anote-se, também, que, em relação ao dano moral, a existência de doença de cunho ocupacional, por si só, viola a dignidade do ser humano (limitação de sua condição física), geradora de indiscutível dor íntima, desconforto e tristeza. Não há necessidade de prova de prejuízo concreto (nesse sentido, o dano moral, em tais casos, verifica-se pela própria circunstância da ocorrência do malefício físico ou psíquico), até porque a tutela jurídica, neste caso, incide sobre um interesse imaterial (art. 1º, III, da CF). Como visto, a decisão recorrida está devidamente fundamentada na prova dos autos, sendo, portanto, inadmissíveis as assertivas recursais de que o Reclamante não comprovou o caráter ocupacional da patologia, a existência de dano ou a conduta atribuída ao empregador. Assim sendo, afirmando a Instância Ordinária, quer pela sentença, quer pelo acórdão, o preenchimento dos requisitos configuradores do dano moral e material, torna-se inviável, em recurso de revista, reexaminar o conjunto probatório dos autos, por não se tratar o TST de suposta terceira instância, mas de Juízo rigorosamente extraordinário – Limites da Súmula n. 126/TST. Agravo de instrumento desprovido. 4 – DOENÇA OCUPACIONAL – DANOS MORAIS E MATERIAIS – VALOR DAS INDENIZAÇÕES – OMISSÃO DO JUÍZO DE ADMISSIBILIDADE DO RECURSO DE REVISTA QUANTO AOS TEMAS – CABIMENTO DE EMBARGOS DE DECLARAÇÃO – PRECLUSÃO – O Pleno do TST, considerando o cancelamento da Súmula n. 285/TST e da Orientação Jurisprudencial n. 377/SBDI-1/TST, editou a Instrução Normativa n. 40/TST, que, em seu art. 1º, § 1º, dispõe: "Se houver omissão no juízo de admissibilidade do recurso de revista quanto a um ou mais temas, é ônus da parte interpor embargos de declaração para o órgão prolator da decisão embargada supri-la (CPC, art. 1.024, § 2º), sob pena de preclusão". Na hipótese, o TRT de origem não analisou o tema "doença ocupacional – Danos morais e materiais – Valor das indenizações". Assim, em razão da nova sistemática processual e da edição da Instrução Normativa n. 40/TST, cabia à Recorrente impugnar, mediante embargos de declaração, os capítulos omissos da decisão, sob pena de preclusão, ônus do qual não se desincumbiu. Agravo de instrumento desprovido. (TST – AIRR 1000894-11.2016.5.02.0262 – Rel. Min. Mauricio Godinho Delgado – DJe 19.10.2018)

LAUDO PERICIAL ELABORADO POR FISIOTERAPEUTA. DOENÇA PROFISSIONAL. LER/DORT. CONTRARIEDADE À ORIENTAÇÃO JURISPRUDENCIAL N. 165 DA SBDI-1. INESPECIFICIDADE. Hipótese em que a Turma conclui que o profissional de fisioterapia pode elaborar laudo pericial em lides que envolvam doença profissional, no âmbito de sua atuação, com o objetivo de identificar os fatores ambientais que possam constituir em risco à saúde funcional do trabalhador e elaborar o diagnóstico fisioterapêutico. Nesse contexto, não é possível concluir pela contrariedade à Orientação Jurisprudencial 165 da SBDI-1, a qual trata da possibilidade de elaboração de laudo por médico ou engenheiro para efeito de caracterização da insalubridade e periculosidade, discussão distinta da controvérsia ora em exame, que diz respeito à possibilidade de o laudo pericial, em demanda de indenização por danos decorrentes de doença profissional, ser elaborado por fisioterapeuta. Recurso de embargos não conhecido. (TST – E-ED-RR: 761006420055090092 76100-64.2005.5.09.0092, relator: Augusto César Leite de Carvalho, Data de Julgamento: 21.3.2013, Subseção I Especializada em Dissídios Individuais, Data de Publicação: DEJT 5.4.2013)

AGRAVO DE INSTRUMENTO. RECURSO DE REVISTA — DESCABIMENTO. DOENÇA PROFISSIONAL — LER/DORT. LAUDO PERICIAL ELABORADO POR FISIOTERAPEUTA. POSSIBILIDADE. INDENIZAÇÃO POR DANO MORAL. VALOR ARBITRADO. Não merece ser provido o agravo de instrumento em que não se consegue infirmar os fundamentos do despacho denegatório do processamento do recurso de revista. Agravo de instrumento conhecido e desprovido." (AIRR -1092-19.2012.5.19.0008, relator Ministro: Alberto Luiz Bresciani de Fontan Pereira, Data de Julgamento: 3.12.2014, 3ª Turma, Data de Publicação: DEJT 12.12.2014)

RECURSO DE REVISTA. NULIDADE DA PERÍCIA REALIZADA POR FISIOTERAPEUTA. 1. Nos termos do art. 145 do CPC, quando a prova do fato depender de conhecimento técnico ou científico, o juiz escolherá o perito entre profissionais de nível universitário, devidamente inscritos no órgão de classe competente, desde que este seja especialista na matéria sobre a qual deverá opinar. 2. No caso, o auxiliar escolhido foi um fisioterapeuta, cuja profissão é regulamentada pelo Decreto-lei n. 938/1969 e pela Lei Federal n. 6.316/1975, bem como pelas Resoluções do Conselho Federal de Fisioterapia e Terapia Ocupacional ns. 381/2010, 259/2003 e 80/1997. 3. No exame dos dispositivos referidos, não se constata óbice à possibilidade de o fisioterapeuta elaborar laudo pericial, em lides que envolvam doença profissional, no âmbito da sua atuação, com vista a identificar, avaliar e observar os fatores ambientais que possam constituir risco à saúde funcional do trabalhador e, ainda, elaborar o diagnóstico fisioterapêutico, indicando o grau de capacidade ou de incapacidade funcional, competências ou incompetências laborais, mudanças ou adaptações nas funcionalidades e seus efeitos no desempenho laboral. 4. No caso: a) constatou-se a expertise técnica do laudo pericial, que, adequadamente, descreveu e dissecou o local onde laborava a reclamante, bem como as atividades por ela desenvolvidas durante todo o contrato de trabalho. b) constaram do laudo a anamnese do "fenômeno" elaborada por outros especialistas, e os exames físicos/clínicos correspondentes, pelo que ficou suficientemente esclarecida a matéria controvertida. 4. Esclareça-se que, conforme a sentença, transcrita no acórdão recorrido, o laudo do fisioterapeuta não foi para diagnosticar a doença em si mesma, mas, sim, para verificar seu nexo de causalidade com o ambiente de trabalho; a doença já havia sido demonstrada com base em outras provas constantes nos autos. 5. Recurso de revista a que se nega provimento. (RR – 2157-11.2010.5.20.0002, relatora Ministra: Kátia Magalhães Arruda, Data de Julgamento: 10.12.2014, 6ª Turma, Data de Publicação: DEJT 12.12.2014)

RECURSO DE REVISTA — PEDIDO DE INDENIZAÇÃO POR DANOS MORAIS E MATERIAIS DECORRENTES DE ACIDENTE DE TRABALHO — LAUDO PERICIAL ELABORADO POR FISIOTERAPEUTA — VALIDADE. Não há óbice legal à elaboração de laudo pericial por profissional de saúde, fisioterapeuta, para avaliação de nexo de causalidade entre LER/DORT e o trabalho desempenhado pelo reclamante. Cinge-se a controvérsia à validade do laudo pericial elaborado por fisioterapeuta para atestar nexo causal entre trabalho e doença, no caso, LER/DORT. A profissional que subscreve o laudo, além de fisioterapeuta, tem especialização em LER/DORT, circunstância que justificou sua nomeação pelo magistrado. Também compete observar que não há na lei processual exigência de que o laudo pericial seja elaborado por médico. Nos termos do art. 145 do CPC, quando a prova do fato depender de conhecimento técnico ou científico, o juiz escolherá perito entre profissionais de nível universitário, devidamente inscritos no órgão de classe competente, desde que seja especialista na matéria sobre a qual deverá opinar. Tal dispositivo sequer exige que o auxiliar do juízo tenha, necessariamente, formação específica na matéria que constitui objeto da perícia, bastando que possua o conhecimento técnico ou científico indispensável à prova do fato e que seja escolhido entre profissionais de nível universitário, registrado no órgão profissional competente, consoante observado no caso concreto. Ademais, foi suscitado pelo reclamante que, não há colisão entre as normas que disciplinam a profissão de fisioterapeuta (Decreto-lei n. 938/1969 e a Lei Federal n. 6.316/1975), ao preverem uma linha de atuação geral e principal para esses profissionais de saúde, e a Resolução do Conselho Federal de Fisioterapia (Resolução COFFITO n. 259/2004), ao descrever que também seria atribuição desses profissionais — elaborar relatório de análise ergonômica, estabelecer nexo causal para os distúrbios cinesiológicos funcionais e construir parecer técnico especializado em ergonomia —, se tal atividade consiste meramente no registro escrito das conclusões e atividades que já são exercidas na prática por tais profissionais. Recurso de revista conhecido e provido. (RR – 204200-60.2008.5.06.0142 , relator Ministro: Luiz Philippe Vieira de Mello Filho, Data de Julgamento: 29.10.2014, 7ª Turma, Data de Publicação: DEJT 7.11.2014)

RECURSO DE REVISTA. 1. NULIDADE DA PERÍCIA REALIZADA POR FISIOTERAPEUTA. Nos termos do art. 145 do CPC, quando a prova do fato depender de conhecimento técnico ou cientifico, o juiz escolherá perito entre profissionais de nível universitário, devidamente inscritos no órgão de classe competente, desde que este seja especialista na matéria sobre a qual deverá opinar. Consoante se verifica pelo acórdão recorrido, o perito indicado pelo juízo é fisioterapeuta, com registro no CREFITO-PR e capacidade técnica para a confecção de laudo e emissão de parecer. Ressaltou o Tribunal a quo, ainda, que a perícia realizada não foi médica, com intuito de avaliar a saúde do empregado, mas para verificar as condições em que o trabalho era desenvolvido e os efeitos sobre o corpo do reclamante, atividade afeta diretamente à habilitação profissional do expert. Recurso de revista conhecido e não provido. 2. (...). (RR – 2215700-16.2008.5.09.0010, relatora Ministra: Dora Maria da Costa, Data de Julgamento: 18.6.2014, 8ª Turma, Data de Publicação: DEJT 1º.7.2014)

Considerações Finais

1. O Fisioterapeuta pode funcionar como auxiliar da Justiça nos processos de indenização decorrente de acidente do trabalho. A assertiva ganha mais força, visto que o fisioterapeuta do trabalho pode aferir a incapacidade funcional e o nexo de causalidade ou concausalidade, tendo competência suficiente para o exame quando a questão estiver afetando a sua área de atuação.

2. Por ser um profissional preparado para analisar e descrever os fatores existentes no ambiente ligados à ergonomia, como por exemplo a verificação de repetição de movimentos, esforço físico, ritmo de trabalho (ciclos), posturas inadequadas, levantamento de pese excessivo, ausência de pausas regulares, falta de apoio para os pés etc., nas condições de trabalho, e seus efeitos à saúde, bem como para relacionar essas condições com as patologias reclamadas pelo trabalhador, inclusive aferir o grau e percentual de incapacidade laborativa, o fisioterapeuta pode resolver a questão quando tratar-se de distúrbio músculo-esquelético do corpo humano.

3. O Médico do Trabalho e o Fisioterapeuta devem respeitar e cumprir o disposto nas normas, regras e códigos pertinente a sua categoria profissional.

4. O auxiliar do juízo aplica-se os efeitos da suspeição.

5. O auxiliar da Justiça possui a faculdade de proceder à investigação utilizando-se de todos os recursos postos à sua disposição, especialmente a vistoria do local de trabalho do periciando.

6. A elaboração de quesitos pelas partes e pelo juiz auxilia no desenvolvimento da conclusão pericial.

7. O auxiliar da Justiça possui obrigação de responder aos quesitos formulados, sob pena de ser penalizado pelo descumprimento da obrigação.

8. O auxiliar da Justiça emite Laudo Pericial.

9. O assistente técnico emite parecer.

10. O perito não deve proceder como testemunha das partes.

11. O Médico do Trabalho que assiste os trabalhadores da empresa ré não deve funcionar como perito ou assistente técnico, pois, equipara-se a preposto.

12. A responsabilidade pelo pagamento da remuneração do perito é da parte sucumbente no objeto da perícia, ou da União (em caso de Justiça Gratuita).

13. O juízo pode utilizar-se de prova emprestada.

14. A perícia é um dos meios de prova (meio probante).

15. O perito não substitui o Juiz em suas funções jurisdicionais.

16. O perito supre o desconhecimento do Juiz a respeito de fatos de natureza técnica ou científica.

17. O perito fica alheio ao resultado do processo.

18. O perito contribui na formação do material de conhecimento que o Juiz precisa para decidir.

19. O perito deve ser neutro.

20. O perito tem o dever de cumprir o ofício.

21. A perícia nada mais é do que o processo de verificação dos fatos pelo perito.

22. O Juízo deve participar ativamente no processo de investigação e a avaliação dos danos causados à saúde do trabalhador.

23. A pressa sempre foi inimiga da perfeição. De nada adianta o esforço de dotar os magistrados de especialidades, formação e aproveitamentos, se na prática a cobrança de metas tem um papel mais importante do que a entrega da prestação jurisdicional com eficiência e qualidade?

24. É importante separar e dar mais atenção aos processos de acidente de trabalho, sim. Todavia, a omissão na investigação prejudica mais do que um julgamento injusto.

Referências

BUONO NETO, Antonio; BUONO, Elaine Arbex. *Perícias judiciais na medicina do trabalho*. São Paulo: LTr, 2001.

CARRION, Valentin. *Comentários à Consolidação das Leis do Trabalho*. 33. ed. São Paulo: Saraiva, 2008.

Convenções ns. 155 e 161 da Organização Internacional do Trabalho.

Constituição da República Federativa do Brasil de 1988.

Decreto-lei n. 5.452, de 1º de maio de 1943 — Consolidação das Leis do Trabalho.

Lei n. 5.869, de 11 de janeiro de 1973 — Código de Processo Civil.

Lei n. 6.367/76.

Lei n. 8.213/91.

MANHABUSCO, José Carlos; CAMARGO, Gianncarlo. *Responsabilidade civil objetiva do empregador decorrente de acidente do trabalho e do risco da atividade*. 2. ed. São Paulo: LTr, 2010.

MANHABUSCO, José Carlos; CAMARGO, Amanda. *A inversão da prova no processo do trabalho — Teoria da distribuição dinâmica do ônus da prova*. São Paulo: LTr, 2013.

MTE – MINISTÉRIO DO TRABALHO E EMPREGO. Segurança e Medicina do Trabalho. 3. ed. São Paulo: Saraiva, 2009.

Normas Regulamentadoras do INSS.

PAULA, Alexandre. *Código de Processo Civil Anotado*. 7. ed. São Paulo: RT, 1998.

Resolução n. 381/2010 do Conselho Federal de Fisioterapia e Terapia Ocupacional.

Resolução n. 1.488/98 do Conselho Federal de Medicina.

Resolução n. 1931/2009 do CFM — Código de Ética Médica.

Resolução n. 2.183/2018 do Conselho Federal de Medicina.

SANTOS, Ernane Fidélis. *Manual de Direito Processual Civil*. vol. 1. São Paulo: Saraiva.

SANTOS, Moacyr Amaral. *Primeiras linhas de direito processual civil*. 2. vol. 7. ed. São Paulo: Saraiva, 1982.

THEODORO JÚNIOR, Humberto. *Curso de Direito Processual Civil*. vol. 1. 20. ed. São Paulo: Forense. p. 482.

TEIXEIRA FILHO, Manoel Antonio. *A prova no processo do trabalho*. 5. ed. São Paulo: LTr, 1993.

Bibliografia recomendada

AS DOENÇAS DOS TRABALHADORES. Tradução Brasileira do *De morbis artificum distriba*: Bernardino Ramazzini, Editora Fundacentro.

CBO — CLASSIFICAÇÃO BRASILEIRA DE OCUPAÇÕES. Ministério do Trabalho e Emprego. Editora Equipe Fudacentro.

PATOLOGIA DO TRABALHO. René Mendes, Editora Atheneu.

ERGONOMIA APLICADA AO TRABALHO — MANUAL TÉCNICO DA MÁQUINAS HUMANA, vols. 1 e II, 1996, Hudson de Araújo Couto, Ergo Editora.

SEGURANÇA E MEDICINA DO TRABALHO. São Paulo: Atlas.

MANUAL DE SAÚDE E SEGURANÇA DO TRABALHO. São Paulo: LTr.

CONVENÇÕES DA OIT E OUTROS TRATADOS. São Paulo: LTr.

Sobre o Autor

ATIVIDADES ACADÊMICAS – PESQUISAS CIENTÍFICAS

- *Direito do Trabalho – Nova ordem das relações sociais* – Life Editora/SP .
- Artigo publicado na Edição Especial da Revista da Academia de Direito Processual do MS – *Da prova emprestada no processo do trabalho – Limites e procedimento*" – novembro/2017.
- Ministrou aulas de Direito Processual II – UNIGRAN.
- Ministrou aulas de Prática Processual Civil – 5º ano de Ciências Jurídicas (noturno) da UNIGRAN na cidade de Dourados (MS).
- Ministrou aulas de Direito Administrativo – 2º ano de Ciências Jurídicas (diurno) da UNIGRAN na cidade de Dourados (MS).
- Ministrou aulas de Introdução ao Estudo do Direito – 1º ano de Administração de Empresas (noturno) da FAD na cidade de Dourados (MS).
- Ministrou aulas de Direito do Trabalho e Direito Processual do Trabalho no Custo Preparatório ao ingresso no TRT da 24ª Região, na cidade de Ponta Porã.
- Artigo Publicado no *Suplemento Trabalhista* – LTr Editora Ltda. – 033/2012 - *Perdas e Danos ou Honorários Advocatícios – Vala Comum.*
- Artigo publicado no *Suplemento Trabalhista* – LTr Editora Ltda. – n. 129/2010 – *Procedimento Técnico na Recepção, Aplicação e distribuição do Ônus Probatórios nas Ações Indenizatórias por Acidente do Trabalho*
- Artigo publicado no *Suplemento Trabalhista* – LTr Editora Ltda. – n. 132/2011 – *Direitos e Garantias Fundamentais Individuais e Sociais. Interesse Público: Princípio da Proteção x Interesse de Classe e Sindical: Convenção ou acordo coletivo do Trabalho.*
- Artigo: "Direito do Trabalho – Parte I – Fontes do Direito do Trabalho – Pesquisa na Legislação e na Doutrina" – Unigran Informativo/Universidade da Grande Dourados – Ano VI – out. 97 – n. 20.
- Artigo: *Reforma da Previdência – Emenda Constitucional n. 41/2003* – Jornal *O progresso.*
- Colaborador do jornal *"O PROGRESSO"*, Dourados – MS.
- Colaborador da *Revista OAB* – MS (2008).
- Colaborador da *Revista ESA-OAB-MS.*
- Colaborador como articulista do *Jornal Diário MS* (Dourados-MS).
- Colaborador dos sites: *Gazeta Morena* (Campo Grande/MS), *Dourados News, Manchete MS, Jornal Preliminar* e MS em *Foco* (Dourados/MS).
- Colaborador na *Rádio Javé*, Dourados/MS.
- Apoiador e colaborador do *site MIGALHAS.*

PARTICIPAÇÕES EM BANCAS DE CONCURSOS

- Membro da banca do concurso para ingresso na carreira de Promotor Público do Estado de Mato Grosso do Sul – 2003.
- Membro da banca do VIII concurso público para ingresso na magistratura do trabalho do TRT da 24ª Região – 2006.
- Membro da banca do VIII concurso público para ingresso no cargo de delegado de polícia civil do Estado de Mato Grosso do Sul – 2006.
- Membro da banca do IX concurso público para ingresso na magistratura do trabalho do TRT da 24ª Região – 2007.

ATIVIDADES – OAB/MS

- Conselheiro Estadual da Ordem dos Advogados do Brasil, Seção Mato Grosso do Sul, para os períodos 2001/2003 e 2004/2006.
- Representante da Escola Superior de Advocacia do MS em Dourados – 2005-2006.
- Membro da Comissão Especial de Direito Desportivo – Conselho Federal da Ordem dos Advogados do Brasil – triênio 2007/2009.

COMENDAS – MEDALHAS – TÍTULOS – MOÇÕES

- Membro da Ordem Guaicurus do Mérito Judiciário do Trabalho – Grau de Oficial – TRT da 24ª Região – 2005.
- Medalha Prêmio da Polícia Civil do estado de Mato Grosso do Sul – 2006.
- Medalha de Mérito Jurídico Heitor Medeiros – OAB/MS – 2008.
- Título de cidadão douradense – 2008.
- Moção Legislativa – Câmara Municipal de Dourados – 2008.
- Moção Legislativa -- Câmara Municipal de Campo Grande – 2010.
- Título de cidadão sul-mato-grossense - 2021.

ATIVIDADE EXTRAPROFISSIONAL

- Membro fundador do Conselho Editorial da Academia de Direito Processual de Mato Grosso do Sul (2018).
- Membro fundador da Associação dos Advogados Trabalhistas de Dourados (MS).
- Exercício de Conciliador perante o 5º Juizado Especial Cível de Pequenas Causas na Comarca de Dourados (MS) – 1.994/1.999;
- Diretor de Seguridade – DOURAPREV – Prefeitura Municipal de Dourados (MS) – 1.998/1.999.
- Assessor Jurídico da Câmara Municipal de Dourados (ano de 2000).
- Diretor-fundador e Professor do IPEJUR – Instituto de Pesquisas e Estudos Jurídicos de Dourados – 2000.
- Diretor Jurídico – Rádio Clube – Campo Grande/MS – 2013/2016.